労務管理と
メンタルヘルス

猪野　美春 著

職業訓練法人Ｈ＆Ａ

◇ 発行にあたって

　当法人では、人材育成に係る教材開発を手掛けており、本書は愛知県刈谷市にあります ARMS 株式会社（ARMS 研修センター）の新入社員研修を進行する上で使用するテキストとして編集いたしました。

　ARMS 研修センターの新入社員研修の教育プログラムでは、営業コースをはじめ、オフィスビジネスコース、機械加工コース、プレス溶接加工コース、樹脂加工コースなど全 18 種類の豊富なコースを提供しております。また、昨今の新型コロナウイルス感染拡大を受け、Zoom※でのネット受講でも使用できるように、できる限りわかりやすくまとめましたが、対面授業で使用するテキストを想定しているため、内容に不備があることもございます。その点、ご理解をいただければと思います。

　本書では新入社員研修の内容をご理解いただき、日本の将来を背負う新入社員の教育に役立てていただければ幸いです。

　最後に、本書の刊行に際して、ご多忙にもかかわらずご協力をいただいたご執筆者の方々に心から御礼申し上げます。

2021 年 3 月

職業訓練法人　H&A

※Zoom は、パソコンやスマートフォンを使って、セミナーやミーティングをオンラインで開催するために開発されたアプリです。

◇ 目次

参考資料

第 1 章

職場のメンタルヘルス対策の意義と重要性

01 メンタルヘルスの基礎知識

1．メンタルヘルスとは

　メンタルヘルスとは、「心の健康」という意味の英語です。日本では単に「心の健康」だけでなく、「心の健康状態」を表す言葉として、また、「心の健康の回復、維持や増進」という意味合いも込めて使っています。簡単に言えば、「心の健康を保つこと」です。もっと言えば、「よりよい健康な心を得ること」です。

　「心が健康である」ということは、前向きな気持ちを保ち、意欲的な状態で社会・職場・家庭等の環境に適応し、いきいきとした生活を送っている状態のことを指します。

　漢方医学では、心と体がお互いに強く影響しあっていることを「心身一如」と表現し、また、「未病」という、病気になっていなくても不健康な状態を表す言葉もあります。つまり、私たちの心身の状態は、「健康」と「病気」に加えて、両者の間に「不健康」という状態があり、健康度に段階があるという考え方です。

　メンタルヘルスは、企業としての経営の方向性や組織のあり方を考えるときに、目安となる概念の一つといえます。

2．メンタルヘルス不調とは

　厚生労働省は、2015年11月に公示したメンタルヘルスのガイドライン「労働者の心の健康の保持増進のための指針」のなかで、メンタルヘルス不調とは"精神および行動の障害に分類される精神障害や自殺のみならず、ストレスや強い悩み、不安など、労働者の心身の健康、社会生活および生活の質に影響を与える可能性のある精神的および行動上の問題を幅広く含むものをいう"と定義しています。つまり、メンタルヘルス（心の健康）が不安定な場合が「メンタルヘルス不調」です。

　メンタルヘルス不調は、近年増加傾向にあります。メンタルヘルス不調の増加は企業における「生産性低下」や「労災リスク」にも直結する深刻な課題ともなっているため、しっかりと予防・対策を行うことが大切です。

3．メンタルヘルスケアとは

（1）メンタルヘルスケアの基本的な考え方

　メンタルヘルスケアとは"すべての働く人が健やかに、いきいきと働けるような気配りと援助をすること、およびそのような活動が円滑に実践されるような仕組みをつくり、実践すること"とされています。

　メンタルヘルスケアの大切なポイントは、①健やかに、いきいきと働いている健康な人、②

勤務はしていても過剰なストレス状態にある心の不健康な人、③心の不健康な状態にさらなるストレスが加わり、種々の症候群やストレス関連疾患に罹ったり、精神障害の症状を呈したりしている人へ、それぞれにあったケアを提供することです。

（2）メンタルヘルスケアが重視される背景

　近年、経済のグローバル化、IT技術の進展、雇用形態の変化、高齢化等により、労働者を取り巻く環境は大きく変化しています。この影響は職場におけるストレス等の増大、精神障害・過労死・自殺の労災認定件数の増加などに現れています。また、「過労自殺」も労災認定されることが増え、件数は年々増加しています。これらを改善するために、職場におけるメンタルヘルスケアが重要な課題となっているのです。

02　労働者のメンタルヘルスの現状

1．労働者のストレスの現状

（1）職業生活での強いストレス等の状況とその内容

　厚生労働省が毎年全国の事業所の労働者を対象に行っている「労働安全衛生調査（2018年）」によると、現在の仕事や職業生活に関することで、強いストレスとなっていると感じる事柄がある労働者の割合は58.0%（2017年度調査58.3%）というデータが出ています（図表1-1）。

　強いストレスとなっていると感じる事柄がある労働者について、そのストレス等の内容（主なもの3つ以内）をみると、「仕事の質・量」が59.4%（同62.6%）で最も多く、次いで「仕事の失敗、責任の発生等」が34.0%（同34.8%）、「対人関係（セクハラ・パワハラを含む）」が31.3%（同30.6%）の順になっています（図表1-2）。

　いまや多くの企業にとって、従業員のメンタルヘルス問題は大きなテーマとなっています。

図表1-1：強いストレスとなっていると感じる事柄がある労働者割合の推移（労働者計＝100%）

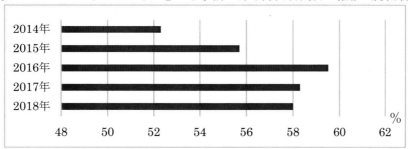

出典元：厚生労働省 2018年「労働者安全衛生調査」データを元に作成

図表 1-2：仕事や職業生活に関する強いストレスの内容（主なもの 3 つ以内）

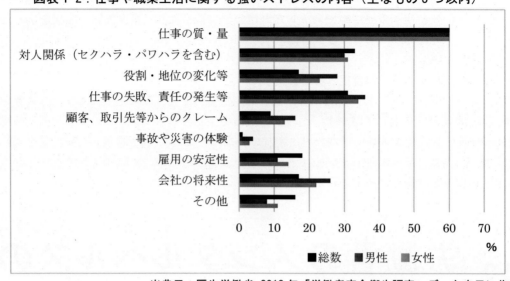

出典元：厚生労働省 2018 年「労働者安全衛生調査」データを元に作成

（２）自殺者数の推移

　国内の年間の自殺者数（警察庁が毎年実施している「自殺統計」による）は 1997 年までは長年 2 万人台で推移していましたが、1998 年から 2011 年に至るまで、14 年連続で 3 万人を超え、2003 年には最多の 34,427 人になりました。その後、2012 年に 3 万人を割って以降は 10 年連続で前年より減少しています。また、男性の自殺者数は、女性の約 2,3 倍となっています。

　2019 年の自殺者数は、20,169 人で、そのなかで労働者の自殺者数は 6,202 人で全自殺者数の 30.8％を占めています（図表 1-3）。

　こうした中で、2006 年に「自殺対策基本法」が制定されました。翌年には推進すべき対策の指針をまとめた「自殺総合対策大綱」が制定され、2017 年に見直し・改正が行われました。同法では、事業主に対して、国や地方自治体が実施する自殺対策に協力するとともに、労働者の心の健康の保持増進を図る取り組みを求めています。

図表 1-3：自殺者数の年次推移

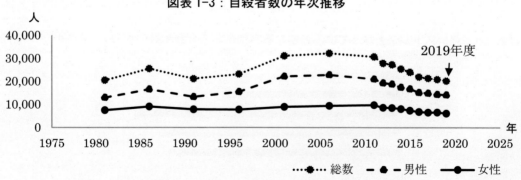

出典元：警察庁 自殺統計 原票データを元に作成

（3）いじめ・嫌がらせの現状

　厚生労働省が公表している「2019年度個別労働紛争解決制度の施行状況」によると、民事上の個別労働紛争の相談件数は、279,210件で、そのうち、「いじめ・嫌がらせ」に関する相談件数（図表1-4）は、87,570件（前年度比5.8%増）で8年連続トップとなっています。

　また、厚生労働省は心の病での2019年度の労災申請の申請原因では、「嫌がらせ、いじめ、暴行」「セクハラ」など職場でのハラスメント関連も過去最多であったと発表しています。

　こうした背景には、企業にパワハラ防止対策を義務付ける女性活躍・ハラスメント規制法が2020年6月に施行されたことがあると考えられます。

図表1-4：民事上の2019年度個別労働紛争相談件数の相談内容

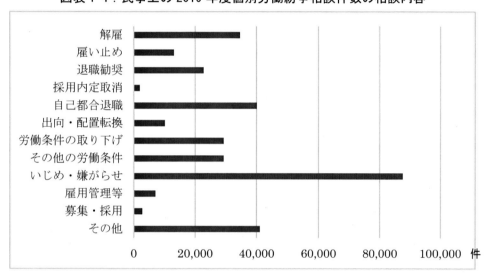

出典元：厚生労働省　「2019年度個別労働紛争解決制度の施行状況」データを元に作成

2．精神障害の労災認定

（1）労災とは

　労災とは、労働災害のことで、業務中や通勤中、もしくは業務や通勤が原因となって発生した病気やケガを指します。労働災害は、業務中の災害である「業務災害」と通勤中の災害である「通勤災害」に分かれ、それぞれに認定基準が定められています。事業主には従業員を一人でも雇用すれば、労災保険に加入する義務があり、労災が認定されると、労働者には労災保険によって治療費や生活費などが補償されます。

　パワハラや不利益な配置転換などによるストレスで、気分障害（うつ病等）、適応障害、PTSD（心的外傷後ストレス障害）などの精神障害になった場合も労災保険の申請ができます。厚生労働省によると、精神障害による労災保険の申請は年々増加傾向にあり、対策が求められています。

（2）精神障害の労災補償状況

　精神障害の労災請求件数は1998年までは年間0～42件であり、件数は多くありませんでし

た。しかし、労災認定の判断指針が公表された 1999 年は 66 件、以後は急激に増加し続けています。2019 年は 2,060 件で、前年比 240 件増となり、うち未遂を含む自殺件数は 202 件（前年比 17 件減）でした。2,060 件のうち 509 件（前年比 44 件増）が業務上の災害と認定され、このうち自殺の支給決定件数は 88 件でした（図表 1-5）。

図表 1-5：近年の精神障害の労災補償状況

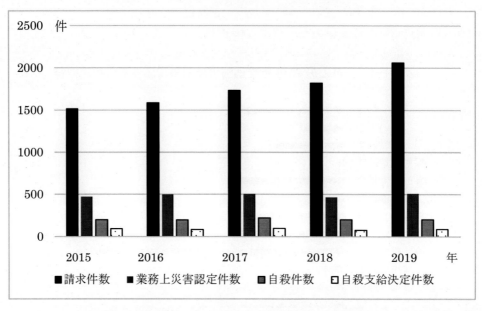

出典元：厚労省　2019 年度　「過労死等の労災補償状況」データを元に作成

03　メンタルヘルスケアと労務管理

1．メンタルヘルスケアにおける企業の役割

（1）企業の社会的責任（CSR）とは

　CSR とは、企業が倫理的観点から事業活動を通じて自主的に社会に貢献する責任のことです。企業はその活動を展開するにあたって、利潤を追求するだけでなく、ステークホルダー（利害関係者すなわち消費者、投資家等、従業員、および社会全体）に対して責任ある行動を取り、説明責任を果たすことが求められます。それ故、従業員の健康管理への配慮は CSR の重要な要素であり、ステークホルダーからの高い評価や企業価値の向上につながるのです。

（2）法令遵守等のコンプライアンスと従業員の健康管理問題

　法令遵守等のコンプライアンスとは、前述した CSR の前提になるもので、法令を遵守する体

制を整え、絶えずリスクを予見し、体制を改善していく仕組みを意味すると理解されています。

　したがって、従業員の健康管理問題は、CSR の一つの課題であるとともに法令遵守の問題でもあるのです。また、従業員の健康管理問題は、後述する労働安全衛生法等の遵守とともに、安全配慮義務等企業に課せられた注意義務を履行することも要請されているのです。

（3）労働安全衛生法と安全配慮義務

①　労働安全衛生法に基づくメンタルヘルス対策

　労働安全衛生法は、1972 年に従業員の健康管理問題に関する公法的な規制として制定されました。労働安全衛生法 第 69 条は、「事業者は、労働者に対する健康教育及び健康相談その他労働者の健康の保持増進を図るため必要な措置を継続的かつ計画的に講ずるように努めなければならない。」と規定しています。

　この規定に基づいて、厚生労働省は「労働者の心の健康の保持増進のための指針（メンタルヘルスケア指針）」(2006 年 3 月策定、2015 年 11 月 30 日改正）を定め、職場におけるメンタルヘルス対策を推進しています。

②　安全配慮義務

　労働契約法の第 5 条では、「使用者は、労働契約に伴い、労働者がその生命、身体等の安全を確保しつつ労働することができるよう、必要な配慮をするものとする。」と規定されています。つまり、安全配慮義務とは従業員が安全で健康に働くことができるように配慮しなければならない企業の義務のことです。

　また、厚生労働省は、「生命、身体等の安全」には心（メンタル）の安全や健康も含まれると通達しています。安全配慮義務を果たすための施策例として、メンタルヘルス対策、人間関係の改善やパワハラの撲滅、労働時間の管理などが挙げられています。

２．メンタルヘルスケアと職場のリスクマネジメント

（1）過労死とリスクマネジメント

　過労死等防止対策推進法第 2 条で、「過労死等」とは、業務上における過重な負担による脳血管疾患・心臓疾患による死亡、精神障害を原因とする自殺、またはこれらの脳血管疾患・心臓疾患、精神障害をいうと定義されています。

　過労死の説明として、「KAROSHI」という表現が英語辞書に掲載されたこともあって、世界的にも知られるようになった言葉でもあります。

　つまり、過労死とは、仕事による過労・ストレスが原因の一つとなって、脳・心臓疾患、呼吸器疾患、精神疾患等を発病し、死亡に至ることを意味します。

　我が国においては、過労死等が多発し大きな社会問題となってきたことから、2016 年 11 月「過労死等防止対策推進法」が制定されました。月 80 時間の時間外労働時間は一般的に「過労死ライン」と呼ばれています。

　過労死は、本人はもとより、その遺族や家族のみならず社会にとっても大きな損失となります。企業には長時間労働による過労死リスクを減らす対策が求められるところです。

（2）過労自殺とリスクマネジメント

　過労自殺とは過労により大きなストレスを受け、疲労がたまり、場合によっては「うつ病」

など精神疾患を発症し、自殺してしまうことを意味します。

　うつ病などの精神障害の労災認定基準については、精神障害が、外部からのストレスによって発症に至ると考えられていることから、仕事によって強いストレスがかかったことが要因となってうつ病などの精神障害を発症したと認められるかという視点で判断されます。

　企業が、「業務の遂行に伴う疲労や心理的負荷が過度に蓄積して労働者（従業員）の心身の健康を損なうことがないよう注意する義務」に違反し、従業員に損害を与えた場合には、企業に民事上の損害賠償責任が生じることになります。

　企業側に注意義務違反が存在するとして、2000年に最高裁が企業側に高額の損害賠償責任を認めた事例があります。

　過労自殺事件として、世間に衝撃を与えたこの事例は、大手広告代理店の入社2年目の若手従業員が長時間労働に従事した結果、うつ病を発症し、自殺に至ったというもので、最終的に約1億6,800万円で和解しました（最高裁2000年3月24日判決）。

　企業は、過労自殺や過労死の発生防止対策を進めるとともに、従業員の健康管理問題についてリスクマネジメントの一環として取り組む必要があります。

04 メンタルヘルスケアの取り組みの重要性

1．メンタルヘルスケアの意義

　厳しい経済状況や労働環境の変化の中、職業生活において強い不安、ストレスを感じている労働者は6割近くに上っています。メンタルヘルスケアを実践する基本的な意義は、すべての働く人が健やかに、いきいきと働くことができるように、必要なケアを実践して心の健康確保を図り、働く人とその家族の幸せを確保することにあります。

　メンタルヘルスケアの目的は、たんに安全配慮義務の履行やメンタル不調者を減らすだけでなく、すべての従業員を対象に心の健康のレベルを引き上げることにあります。メンタルヘルスケアは経営や組織のあり方と密接に関係しています。

　企業においては、従業員のメンタルヘルス不調は経営上の重大なリスクと考え、従業員の健康保持・増進への取り組みを推進することが求められています。

2．メンタルヘルスケアのメリット

（1）従業員の心の健康保持増進
　全従業員がメンタルヘルスの基本知識を持つことで、セルフケアのみならず、周りの人のメンタル不調にも早く気づくようになります。不調をきたしたときに適切な対応ができ、従業員全体の心身の健康を保持しやすくなります。

（2）職場の生産性低下の防止

　メンタルヘルス不調に陥ると意欲的に働けなくなり、本来の業務遂行能力を十分発揮できなくなります。一旦休業になった場合は長期間になることも多く、最悪の場合は離職や自殺につながることもあります。そうなれば企業全体の活力が低下し、業績も下がります。必要なケアを実践して心の健康確保を図ることは、企業の生産性に直結する重要な課題といえます。

（3）事故やトラブルへのリスクマネジメント

　メンタル不調に陥ると、集中力や注意力の低下による事故・トラブルにつながります。ときには本人だけでなく、顧客や同僚など周囲の安全と健康も脅かしかねません。

　一方、うつ病やストレスに起因した心疾患、脳疾患などの健康リスクも高まります。それらを未然に防止し、休職や離職を減らすためにもメンタルヘルスケアは重要です。また、メンタルヘルス不調に対しての企業の対応が不適切で、労災申請や民事訴訟につながることもあり、その場合、莫大な損害賠償の発生、企業イメージの著しい低下などを招く可能性があります。

　したがって、メンタルヘルスケアは労働者や企業自体の安全確保におけるリスクマネジメントとして大きな意義を持ちます。

（4）職場環境の改善と職業生活の質の向上

　従業員がメンタルヘルス不調に陥ると、職場のコミュニケーションの低下やパフォーマンスの低下などを招き、職場環境の悪化につながる可能性があります。組織的・継続的にメンタルヘルスケアを実施することで、従業員の健康増進を促し、満足感の向上やチームワークの醸成など職業生活の質の向上、生産性の高い職場環境への改善が期待できます。

（5）「ワーク・ライフ・バランス」の推進

　「ワーク・ライフ・バランス」とは、生活と仕事を調和させることで得られる相乗効果・好循環という、欧米で提唱された概念です。

　つまり、生活と仕事は、互いに相反するものではなく、生活の充実によって仕事がはかどり、うまく進むものであり、仕事がうまく行けば、私生活も潤うという「生活と仕事の相乗効果・好循環」の考え方です。「ワーク・ライフ・バランス」が職場文化として定着すれば、病気や退職などのリスクが回避され、長時間労働の改善により、労働者の健康を維持し、知識や経験を持った人材の離職を防ぐことができます。

　対象となる従業員の健康レベルに応じたメンタルヘルスケアの実施において、「ワーク・ライフ・バランス」を導入することで、双方の相乗効果が期待でき、さらなる「ワーク・ライフ・バランス」推進に寄与すると考えられます。

（6）長期休業者・離職者の発生率の低下

　メンタルヘルス不調による長期休業者の発生や、離職者の増加などは、企業にとって人員確保が困難になったり、生産性や企業活力が低下する等の誘因になります。またある調査では、

休職者比率の上昇と売上高利益率の関係は明らかで、従業員のメンタルヘルス不調が企業の利益率を押し下げる影響を持っているという結果が出ています。

　メンタルヘルスケアを実施することで、休業者・離職者の発生率を減らし、新たな雇用にかかる採用コストや人材育成にかかる負担も減らすことができ、経営リスクの防止策となります。

（7）ハラスメントの防止

　近年、ハラスメントは人間関係の軋轢を表す象徴的な言葉として広く認識されるようになり、さまざまな形のハラスメントがストレス因子となっています。

　メンタルヘルスに影響を与える要因として、厚生労働省が挙げているのが「長時間労働」と「ハラスメント」です。職場におけるセクハラやパワハラは、従業員に不要なストレスを与え、事業発展の妨げにもなります。ハラスメントの相談窓口を設けるなどメンタルヘルスケアの推進はハラスメント防止の職場風土づくりになります。

　また、「ハラスメント」の問題は、法的な整備も進んでいます。

　本章１．02（P.11）（3）で述べたように、2020年6月、企業にパワーハラスメント防止対策を義務付ける「女性活躍・ハラスメント規制法」が施行されたことや、すでに「男女雇用機会均等法」において、必ず企業が守らなければならない「防止措置義務」として「セクシャルハラスメント」「マタニティハラスメント」の規定が設けられたことです。ハラスメント防止に取り組むことは企業の必須課題でもあるのです。

３．管理監督者及び事業場内産業保健スタッフ等の役割

（1）管理監督者の役割

　管理監督者とは、労働基準法41条2号の「監督若しくは管理の地位にある者」のことをいいます。企業の中で相応の地位と権限が与えられ、経営者と一体的な立場と評価できる従業員が該当します。主な業務は、職場環境等の問題点の把握と改善、就業上の配慮および、職場復帰後の労働者の状態の観察等です。

（2）事業場内産業保健スタッフ等とは

　事業場内産業保健スタッフ等とは、産業医、衛生管理者、保健師、看護師、心理職、人事労務スタッフ等労働安全衛生担当職員を含めた、産業保健に係るスタッフ全員の総称です。

　事業場内産業保健スタッフ等は、セルフケアおよびラインケアが効果的に実施されるよう、働く人々および管理監督者に対する支援を行うとともに、具体的な職場のメンタルヘルスケアの実施に関する企画立案、個人の健康情報の取り扱い、事業場外資源とのネットワーク形成やその窓口等、中心的な役割を担います。

（3）人事労務管理スタッフの役割

　人事労務管理スタッフは、人事労務管理上の問題点の把握、および労働条件の改善、配置転換・異動等の配慮を行います。

（4）産業医の役割

　産業医とは、産業医の要件を満たした医師であり、職場で働く健康な人から心身の状態がすぐれない人までを対象としています。診断・治療は行わず、必要な場合は外部の医療機関を紹介します。

　産業医は、労働安全衛生法第13条により、「常時50人以上の労働者を使用する事業場においては、産業医を選任し、労働者の健康管理等を行わせなければならない」と定められています。

　産業医の業務は、衛生委員会への出席、衛生講話、職場巡視、健康診断結果チェック（就業制限や休職判断、意見書作成）、健康相談、および長期休業者への休職面談、復職面談、復帰の可否判断を主治医と相談しながら行うほか、高ストレス者に対する面接指導、長時間労働者面接指導等と多岐にわたっています。

　また、ストレスチェックの実施者として、ストレスチェックの計画、実施、結果の集計・分析・面接指導を希望する労働者への面談までの全般に関わります。

　産業医は事業主と労働者のどちらにも偏らない中立的立場にあり、産業医の立場から見て、職場改善が必要であれば、事業主に対して助言、指導、勧告を行います。

（5）衛生管理者の役割

　衛生管理者は、労働者の健康障害や労働災害を防止するために、労働安全衛生法で定められた国家資格を持つ者を言います。常時50人以上の労働者がいる職場では、衛生管理者を選任しなければなりません。その業務内容は、作業環境の管理、労働者の健康管理、労働衛生教育の実施、管理監督者のサポート、人事労務管理スタッフや事業場外資源との連絡調整などです。また、少なくとも毎週1回作業場等の巡視等を行い、健康保持増進に必要な措置を講じる役割も担っています。

（6）産業看護職の役割

　産業看護職とは、産業現場で活動する保健師、看護師の総称で、産業医や人事部門の人たちと協働で、労働者に対するケアおよび管理監督者に対する支援を行います。主な業務内容は、「健康相談・保健指導」等の健康管理、および「作業管理」「作業環境管理」「労働衛生教育」「マネジメント」「他機関等とのコーディネーション」」等です。

　産業看護職には労働者のそれぞれの健康状態を総合的に把握し、病気の予防、早期のフォローアップへつなげる役割があります。

（7）心の健康づくり専門スタッフ

　心の健康づくり専門スタッフとは、精神科・心療内科等の医師、心理職等で、専門的な立場から他の事業場内産業保健スタッフへの支援を行うとともに、教育研修の企画・実施、相談対応などを行います。

第 2 章

ストレスの正しい理解

01 ストレスとは

1．ストレスの定義とメカニズム

（1）ストレスの語源

　ストレスという言葉は、もともとは物理学で用いられる"応力（歪みを元に戻そうとする力）"を意味します。初めて医学用語として用いたのは、ストレス学説の提唱者である生理学者ハンス・セリエ（1907-1982）です。

　ハンス・セリエは、自らの研究から、ストレス要因の種類は異なっていても、ストレス反応は変わらないという結果を引き出し、1936年に「ストレスー適応症候群」として、英科学誌『ネイチャー』およびアメリカ医学会誌に掲載しました。この学説を米国の国立労働安全衛生研究所（National Institute of Occupational Safety and Health）が「NIOSH（エヌアイオッシュ）の職業性ストレスモデル」として分かりやすく体系化し、現在の産業分野で多く使われています。

（2）ストレスの定義と言葉の使われ方

①ストレスの定義

　ストレスに関して、現段階で学問的に確立された定義はまだありません。ストレス研究の領域では個人にとって負担となる刺激をストレス要因（ストレッサーとも呼ばれますが、本書ではストレス要因と称します）と呼びます。そして、ストレス要因によって引き起こされる「不安」や「不満」などの心理的反応と、「疲れた」「眠れない」といった身体的反応、またストレス要因によって引き起こされた喫煙や飲酒量の増加などの行動の変化をストレス反応と呼び、このストレス要因とストレス反応を合わせたものをストレスと総称しています。

　このストレス要因とストレス反応の関係を、風船に例えて考えてみます。図表2-1で示したように、風船を手で押さえるという刺激（ストレス要因）を加えることによって、風船がへこみます。手を離すと、刺激（ストレス要因）はなくなるので風船は元の形に戻ります。しかし、長時間強い力を加えると、風船は元の形に戻りにくくなります。この戻りにくい状態をストレス反応といいます。

図表 2-1：ストレスを風船に例えると

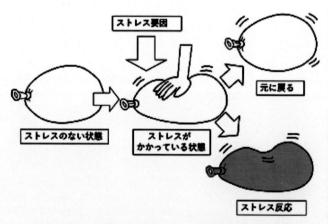

「メンタルヘルス入門」　島 悟、日本経済新聞出版社、P.46
図表13「ストレスとは」より引用　一部改変

②ストレスという言葉の使われ方

　私たちが日常的に「ストレス」という言葉で表現する場合、ストレス要因とストレス反応を区別せずに呼んでいることがほとんどです（図表 2-2）。「ストレスが多い」といった場合、ストレス要因が多いことを示し、「ストレスがたまっている」といった場合、不満やイライラ感などのストレス反応が発散されずに蓄積されていることを示します。

図表 2-2：ストレスのイメージ

出典元：google ストレスイラスト無料 Salon-you.net より引用　一部改変

（3）ストレス反応が起きるメカニズム

　個人にとって負担を引き起こすストレス要因に個人が直面すると、これまでの経験や記憶に基づいて、その負担の大きさや困難性、苦痛の程度などが大脳皮質で評価されます。これらの情報は大脳辺縁系という脳の一部に伝達されて、不安や不満、怒り、悲しみなどの感情を生じるとともにストレス要因に対処するストレス反応として何らかの行動を起こすことになります（図表 2-3）。

　これは、生体が有害な出来事に遭遇したときに、危険から身を守るためにとる防衛反応なのです。天敵と遭遇した動物は、危険な状態から身を守るために、闘うか逃げるか、どちらかの行動を選択する必要があり、このとき心身は戦闘態勢となり、目を見開き、鼓動は高鳴って、息は荒く、筋肉は緊張した状態になります。

　このような脅威に直面したときのような身体の反応は、「闘争・逃走反応」と呼ばれています。

　私たちは通常の職業生活の中で動物のように直接的に脅威にさらされることはなくても、それに代わる脅威は多く存在します。たとえば、無理な納期を設定される、ミスが許されない、理不尽なクレームを言われるなどの、怒りや不満、恥、焦燥などといった自尊心を脅かされるような状況下では闘争・逃走反応が生じると考えられます。

図表 2-3：ストレス反応が起きるメカニズム

ストレス要因　➡　認知的評価／対処能力　➡　ストレス反応（心・身体・行動）

出典元：文部科学省 CLARINET へようこそ「第 2 章 心のケア 各論」より引用

　図表 2-3 に示した「認知的評価」とは、ストレス要因への対処の「評価」のことです。

　私たちが日常の中で起こるさまざまな「ストレス要因」を「良いストレス」と感じるか、「悪いストレス」と感じるかは、その時点での本人の認知（ものごとの捉え方）の仕方によって結果は異なってきます。つまり、認知の仕方により、ストレス反応は変化するのです。

　このストレス反応に影響を与えるストレス要因には、環境要因（天候や騒音など）、身体的要因（睡眠不足、病気など）、社会的要因（人間関係、仕事、多忙など）が挙げられます。

（4）「良いストレス」と「悪いストレス」

　ストレスと聞くと、嫌なことやつらいこと、プレッシャーなど、ネガティブなイメージをもつかもしれませんが、進学や就職、結婚、昇進といった人生の喜ばしい出来事もストレス要因となることがあります。たとえば、大学に合格したときや新しい職場に就職できたときには、「頑張ってやっていこう」とやる気になる「良い」ストレスとなり、人生にとって必要なことといえます。一方、学費が心配になったり、「うまくやっていけるだろうか」と不安になったりすると、「悪い」ストレスとなってしまうことがあります。

　また、人間関係の不和や疲れなどは、気持ちが不安定になり、やる気をなくすなど「悪い」ストレスの状態になり、心身の不調を引き起こすことにもなってしまいます。このときに、「人間関係は難しいもので、なんとかなるよ」、と気楽に考えることができたら、緊張感を持って関係を築いていこうとする「良い」ストレスに変えることができます。

　つまり、「良いストレス」と感じるか、「悪いストレス」と感じるかは、その時点での本人の捉え方（「認知的評価」）がストレス反応に大きく関与するといえます。

（5）ストレスが発生する3段階

　人体に「ストレス要因」が加わりストレス状態が続くと、通常、次の3期の段階を経て病状が進行します。

　① 第1期（警告反応期）

　　ストレスの初期の段階で、目立った自覚症状はありませんが、疲れやすくなったり肩こりやイライラすることが多くなります。

　② 第2期（抵抗期）

　　ストレスに抵抗する時期で、表面的にはストレスがなくなったように見えますが、実際にはストレスに負けないよう無理している状態です。

　③ 第3期（疲弊期）

　　ストレスによって心身が疲れ切ってしまう時期で、適応力が衰えてさまざまな症状が現れてきます。病気を発症する可能性もあるので、専門医に相談することが望ましい段階です。

2．職業性ストレスモデル

（1）米国の国立労働安全衛生研究所（NIOSH）による職業性ストレスモデル

　NIOSH職業性ストレスモデルは、米国の国立労働安全衛生研究所が作成した、職業に伴うさまざまなストレス要因によりストレス反応が生じてその反応がときに疾病に至る流れを示すモデルです。島　悟氏（メンタルヘルス入門（P. 78）、日本経済新聞出版社、P. 44）は、このNIOSHが作成したモデルを一部修正してストレスを説明しています（図表 2-4）。

　この図では、ストレス要因を仕事に関連したものと、仕事に関連しないものとに分け、さらに関与する要因をその人自身の「個人要因」と周囲の「支え」に分けています。重大なストレス要因であっても、その反応の大小にはこれらの要因が関係し、反応の出現の仕方が異なるのです。

　したがって、ストレス反応が出ている時期を「警告」と受け止めて、職場や家庭で適切に対処すれば疾病に至ることを防ぐことができるわけです。

図表 2-4：NIOSH 職業性ストレスモデル

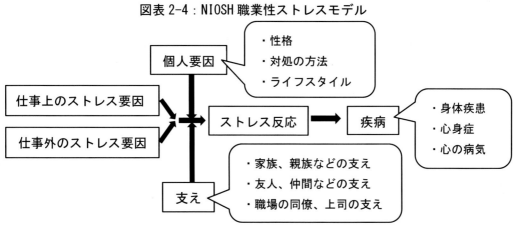

出典元：「メンタルヘルス入門」 島 悟、日本経済新聞出版社、P. 44
「ストレス要因によりストレス反応が生じ、ときに疾病に至る」をもとに改変

（2）仕事の要求度—コントロールモデル

　仕事の要求度—コントロールモデルは、1979 年にロバート・カラセックによって提唱されたものです。ストレス要因の強さは、仕事の要求度（仕事量、時間、集中度や緊張など）の高低と仕事のコントロール度（自律性）の強弱という４つの要素の組み合わせによって決まるとしています。

　このモデルでは、図表 2-5 に示したように、仕事の要求度が高く、仕事をコントロールする力（仕事の裁量／加減する力）の弱い状態が最も心理的緊張が高く、疾病のリスクが高いとしています。つまり、「高緊張な仕事」に従事する労働者ほど、ストレスにさらされやすいことを指摘しているのです。

　たとえば、納期を早く決められ長時間労働を強いられる場合などは「高緊張な仕事」に該当し、大きなストレスにさらされやすいので、よりメンタルヘルス対策が重要となってきます。

図表 2-5：仕事の要求度—コントロールモデル

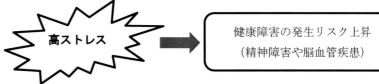

出典元：カラセック「仕事の要求度—コントロールモデル」を参考にして作成

（3）努力—報酬不均衡モデル

　努力—報酬不均衡モデルとは、職業生活において「努力」と「報酬」という二つの軸をもとにストレス状態を把握しようとするもので、職業上で費やされる努力と、得る報酬のバランスが悪いときにストレスが生じるという考え方です。つまり、大きな努力・小さな報酬のとき、もっともストレスが高くなるというわけです。

　また、ここでの「報酬」とは単に金銭といった「経済的な報酬」のみを指すのではなく、仕事

の満足感や周囲からの評価などの「心理的な報酬」、仕事の安定、昇進など「キャリアの保証」といったことも含まれています。したがって、残業が続いたり、重い責任を果たすといった高い「努力」を求められながら、それに見合う給料ややりがい、昇進といった「報酬」が得られない状況に置かれると、「努力」と「報酬」のバランスが崩れ、心身に影響が及ぶということです。

図表 2-6：努力―報酬不均衡モデル

出典元：「メンタルヘルス入門」島 悟、日本経済新聞出版社、P.41「努力―報酬不均衡モデル」より引用　改変

3．ストレス要因の種類

　ストレス要因にはさまざまな種類があり、大きく分けると、「物理的ストレス要因」「化学的ストレス要因」「心理・社会的ストレス要因」に分けられます。ストレスの原因となる出来事が起こるとき、複数のストレス要因が重なるなど、複合的に作用する可能性もあります。

（1）物理的ストレス要因
　物理的ストレス要因には、寒冷、光、混雑、騒音、振動、換気などの環境的なものがあります。いわゆる、エアコンの温度が暑すぎる・寒すぎる、照明が眩しすぎる・暗すぎるなどの環境刺激のことです。また、工事現場の音や自動車・飛行機の音など外部からの影響もあります。

（2）化学的ストレス要因
　化学的ストレス要因には、アスベストやダイオキシンといった有害物質によるもの、食品添加物、薬物、酸素欠乏・過剰、一酸化炭素などがあります。化学物質などの目や喉への刺激、匂い、毒性のほか、タバコによる室内の空気汚染などもストレス要因になり得ます。

（3）心理・社会的ストレス要因
　心理・社会的ストレス要因の特徴は、その強さを客観的に測ることが難しく、ストレス要因に対するストレス反応の個人差が大きいことです。また、このストレス要因には職場での出来事と職場以外の個人的な出来事があり、相互に影響し合って増幅する場合もあります。
　①職場のストレス要因
　　職場における最も大きな心理・社会的ストレス要因は人間関係です。代表的なものを挙げると、図表 2-7 に示したように上司と部下・同僚との対立やハラスメントなどの対人関係の問題、仕事上の失敗や過重な責任の発生、事故や災害の体験などがあります。

図表 2-7：職場でのさまざまなストレス要因

１．仕事量の増加（長時間労働、過重労働など）
２．仕事の質の問題（高度の技術、責任の重い仕事など）
３．地位、役割の変化（昇進、降格、配置転換など）
４．仕事上の失敗・トラブル・損害や法律問題の発生
５．人間関係の問題（上司と部下、同僚間、顧客との関係、パワハラ、セクハラなど）
６．適性の問題（能力や性格の問題など）

出典元：「メンタルヘルス・マネジメント検定試験公式テキスト」大阪商工会議所編、中央経済社 P.113
「職場でのさまざまなストレッサー（ストレス要因）」より引用　一部改変

②職場以外のストレス要因

　職場以外の出来事として、プライベート面で、配偶者との不和や離婚、家族の病気や死などの問題、恋愛問題、金銭問題、病気、ケガ、不規則な生活、疲労、友人・近所などとのトラブルなど多岐にわたるストレス要因があります。

　一方で、人は、「生活環境の変化」全般に対してストレスを感じる習性があり、「悪い出来事」だけではなく、「良い出来事」に対しても感じるという特徴があります。

③主なライフイベントのストレス強度

　図表 2-8 に示した「社会的再適応評価尺度」は、1967 年に米国の社会学者ホームズと内科医レイが、5,000 人の精神的に不調な患者を対象に、その原因となったストレス項目を調査して点数化したものです。個人が感じるストレスを、結婚を 50 としたときに、他のライフイベントによるストレス強度を 0〜100 までのストレス値で表したものです。

　この「社会的再適応評価尺度」は、現代のメンタルヘルスにおいても指針となっています。

４．職業人としてのライフサイクルとストレス

（１）ライフサイクルとは

　「ライフサイクル」と言う言葉は、心理学者のエリクソンが提唱したもので、自我の発達という観点から人生の経過を説明しています。この考え方によれば、人生の各時期（ライフステージ）に応じて克服すべき特徴的な発達課題があり、それにどう処するかが、その後の人格の成熟や社会的展開に影響するというものです。

　ライフサイクルにおけるそれぞれの発達段階には、成長に向けてのポジティブな力と、その一方で危機・停滞に向かうネガティブな力が拮抗しており、この両者の関係性が正常な発達に関係していると考えられています。このポジティブな力とネガティブな力の拮抗は生涯にわたって続き、危機や停滞に正面から向き合うことが成長のために必要なステップである点が重要といえます。図表 2-9 は、エリクソンの 8 つの発達段階と、その段階における「心理社会的課題と危機」、課題を乗り越えることで「獲得するもの」を示したものです。

図表 2-8：ホームズの社会的再適応評価尺度

順位	出来事	ストレス値	順位	出来事	ストレス値
1	配偶者の死	100	23	子どもの独立	29
2	離婚	73	24	親戚とのトラブル	29
3	夫婦での別居	65	25	特別な業績	28
4	勾留、刑務所入り	63	26	妻の就職や離職	26
5	親密な家族の死亡	63	27	就業・卒業・退学	26
6	自分の病気あるいは障害	53	28	生活上の変化	25
7	結婚	50	29	習慣の変化	24
8	解雇・失業	47	30	上司とのトラブル	23
9	夫婦の和解・調停	45	31	仕事上の条件が変わる	20
10	退職	45	32	転居	20
11	家族の健康上の大きな変化	44	33	転校	20
12	妊娠	40	34	趣味やレクリエーションの変化	19
13	性の悩み	39	35	宗教活動の変化	19
14	新しい家族の増加	39	36	社会活動の変化	18
15	転職	39	37	1万ドル以下の借金	17
16	経済状況の変化	38	38	睡眠習慣の変化	16
17	親友の死亡	37	39	団欒する家族の数・回数の変化	15
18	職場の配転	36	40	食習慣の変化	15
19	配偶者との論争の回数の変化	35	41	休暇	13
20	1万ドル以上の借金	31	42	クリスマス	12
21	担保や貸付の損失	30	43	些細な違反行為	11
22	職場での責任変化	29			

出典元：「ホームズとレイのストレス度表」より引用　一部改変

図表 2-9：エリクソンの8つの発達段階と課題

発達段階	課題と危機	獲得
乳児期　　（0歳－2歳）	基本的信頼／不信	希望
幼児期　　（3歳－4歳）	自律性／恥／疑惑	意思
遊戯期　　（5歳－7歳）	自発性／罪悪感	目的
学童期　　（8歳－12歳）	勤勉性／劣等感	有能感
青年期　　（13歳－22歳）	自我同一性／拡散	忠誠性
前成人期（23歳－34歳）	親密性／孤独	愛
成人期　　（35歳－60歳）	生殖性（次世代育成）／停滞	世話
老年期　　（61歳－）	統合性／絶望	英知

出典元：心理学用語 https://psychologist.x0.com/terms/144.html より引用

ライフサイクルはメンタルヘルスと密接に関係しており、ライフサイクルによる年代特有のストレス要因によってメンタルヘルス上のトラブルが起こりやすくなります。また、仕事で経験するストレスの内容はライフサイクルによっても異なってきます。

（2）職業人としての年代別ライフサイクル—その特徴とストレス

① 20歳代（新入社員）

多くの労働者は、20歳前後から職業生活を始めます。この時期には新しい職場環境に慣れ仕事を覚え、人間関係を構築することが必要となり、こうした社会人としての課題に伴うストレスを自覚することが多くなります。一方では、大卒の3割が3年以内に辞めるといわれている時代でもあり、仕事の適性について考える事が多いのもこの時期の特徴です。

② 30歳代（家庭を持つ、中堅社員）

この年代は、職場環境や人間関係にも慣れ職業生活も軌道に乗る頃で、中堅として周囲からの期待もしだいに大きくなり、仕事の忙しさや量的な負担についてストレスを感じるのがこの時期の特徴です。私生活でも、結婚や子どもの誕生といった大きな変化を経験し、こうした変化に対応することもストレス要因になることがあります。一方で、未婚であることに焦りを感じ、ストレスになる人もいます。

また、35歳という年齢は転職限界年齢ともいわれます。転職をするかどうか悩む人は多く、これらにまつわる葛藤は、強いストレスとなり得ます。

③ 40歳代（中年期）

40歳代は、孔子が「四十にして惑わず」と述べ、ユングが「人生の正午」と表現したように人生の重要な節目といえます。この年代では、周囲からの期待がさらに大きくなり、より高度な内容の仕事を求められるようになります。管理職などの立場になれば負担も大きく、仕事の質についてストレスを感じることも増えてきます。このほかにも、上司と部下の間で板挟みとなり「サンドイッチ現象」による人間関係のストレスを感じる場合も少なくありません。

④ 50歳代（定年前）

50歳代に入ると更年期の年代となり、加齢の影響を感じるようになります。プライベートでは自分自身の健康問題や両親の介護の問題や子どもが自立した後の配偶者との関係などもストレスの原因となってくる時期です。

職場では、組織の中での能力や立場の差が顕著になってきます。会社や組織の中で中心的な役割を求められる人がいる一方で、そうでない人も出てくることから、人間関係で悩む人が少なくありません。さらには、親や友人や先輩の病気、あるいは別れを経験するというさまざまな人生上で避けることができない「喪失体験」が始まる時期です。

⑤ 60歳代（定年期）

この時期は、職業人生の終焉を迎え、定年後の仕事や老後の問題が現実的になってきます。

最近では、人生100年時代ともいわれる中で、定年延長や再雇用などの労働状況の変化にも対応を迫られます。加えて、心身への加齢の影響がますます色濃くなり、この時期の活動性や体力には個人差が大きいことも特徴の一つです。

また、退職や友人や配偶者を失うなどの喪失体験に遭遇する機会も増え、メンタル不調に注意を要する時期でもあります。

02 ストレス反応の理解

1．ストレス反応とは

　ストレス反応は、長時間ストレス要因の刺激を受けた場合や、強いストレス要因にさらされたときに生じる生体反応であり、ストレス要因に対する生体の自然な適応反応と考えられています。つまり、ストレス要因である刺激を受けると、人にはその刺激に対抗して、心理面、身体面、行動面にいろいろな反応が生じるのです。心理面、身体面、行動面にストレス反応として現れる症状には個人差があり、また、これらのストレス反応は相互に影響し合います。

　たとえば、イライラ→過食→下痢→引きこもり→運動不足→不眠→不安へと連鎖が起こる場合もあります。また特徴として、ストレス要因の種類に関係なく心身に同じ反応が起きること、その症状が全身に及ぶことが挙げられます。

2．ストレス反応の３つの側面

　ストレス要因を受けると、私たちの身体には、「心理的反応」「身体的反応」「行動面の反応」の３種類の反応が出現します。この３種類の反応は別々に出現する場合とまた同時に出現する場合があり、ストレス要因についても一つだけの場合や、いくつかのストレス要因が重なって生じる場合もあります。

（1）心理的反応
　心理面の反応には、図 2-10 に示すようなさまざまなものがあり、出現する反応は人によって大体決まっています。

　現代のストレス社会を反映して、不安や怒り、イライラを感じる人は多いと考えられます。怒りやイライラは、他人に向かうと人間関係を壊す危険があります。反対に、自分に向かうと自責感が強くなって、ときに自傷や自殺のリスクとなります。普段から自分の心の状態を把握して、対処方法を持っておくことが大切です。

図表 2-10：ストレス反応として見られる心理的反応

不安	緊張	イライラ
怒り	興奮	落胆
抑うつ	罪悪感	無気力
疎外感	孤独感	思考力低下
感情鈍麻	集中力低下	自己評価の低下

出典元：「メンタル・ヘルス入門」島　悟、日本経済新聞出版社、P.58 より引用　一部改変

（2）身体的反応

　頭痛や頭重感、めまいなどはよく見られる反応です（図表2-11）。人によって現れる反応は大体決まっていますので、こうした反応が出たときには、徴候と受け取って休むことが必要です。長引くと心身にさまざまな影響をもたらします。

図表 2-11：ストレス反応として見られる身体的反応

頭痛・頭重感	微熱	咳
動悸	息苦しさ	喉の詰まる感じ
胃痛	吐き気	腹痛
下痢	便秘	食欲低下
めまい・ふらつき	のぼせ	しびれ
手の震え	疲労感	生理不順
尿が近い	睡眠障害	背部痛

出典元：「メンタル・ヘルス入門」島　悟、日本経済新聞出版社、P.58 より引用　一部改変

（3）行動面の反応

　図表2-12で示すように、行動面の反応も、心理的反応や身体的反応と同様に、人によって決まっています。嫌なことがあったりやらないといけないことがあってストレスが溜まると、普段と異なった行動が目立ってきます。きっかけは小さなストレスであっても、見過ごしていると影響が大きくなってしまうことがあります。

　また職場でこういった反応がしばしば見られる際には、個人の責任に帰す前に職業性のストレス反応ではないか、と企業サイドで検討してみる姿勢も必要です。

図表 2-12：ストレス反応として見られる行動面での反応

拒食・過食	多弁	多動
飲酒量・喫煙量の増加	引きこもり	孤立
遅刻・欠勤	ミス	アクシデント
攻撃的行動	過激な行動	幼児返り
チック	吃音	過眠
遁走	回避行動	怒りの爆発

出典元：「メンタル・ヘルス入門」島　悟、日本経済新聞出版社、P.59 より引用　一部改変

3．ストレス反応と個人差

（1）個人差をもたらすもの

　ストレス要因があっても、まったく反応が出ない人もいれば、すぐに出てしまう人もいます。このようなストレス反応に個人差をもたらすのは、性格や年齢、対処法などの個人要因と家族を始めとした社会的支援（ソーシャルサポート）の質・量によります。

（2）主な個人的要因

① 性格：性格にはさまざまなタイプがありますが、ストレスに弱い性格として、過度な几帳面さや過度に気を使うという性格が挙げられます。

② 対処方法：ストレス要因への対処の仕方がストレス反応に影響します。つまり、ストレス要因の受け止め方が固定し、柔軟性がない人はストレスに反応しやすいといえます。

③ ライフスタイル：現代は、社会のグローバル化によって基本的な生活リズムを保つことが難しくなってきています。ライフスタイルの充実は、ストレス要因への抵抗力を高める重要な要素といえます。

④ 年齢：人は、一般的には成長によってストレスに耐える力（ストレス耐性）が増しますが、個人差もあります。しかし高齢になると、心や身体に避けることのできない変化が起こり、ストレスに耐える力が逆に低下することが多くなります。

⑤ 性差：一つには、性ホルモンの差によってストレス要因に対して弱くなる時期があるといわれています。また、女性のほうが、周囲に助けを求める行動をとりやすいということもいわれます。反対に、男性は最後の最後まで無理を続けてしまう傾向があるため、手遅れにならないように注意することが重要です。

（3）社会的支援の効果と内容

　社会的支援とは、個人への周囲からのサポートをいいます。親や配偶者、あるいは子どもといった家族による支援はもっとも重要なものですが、こうした私的な支援に加えて職場や友人、公的な支援なども含まれます。

　社会的支援の目的は、サポートを受ける個人のストレスを低減させ、メンタルヘルスを維持させたり向上させたりすることです。社会的支援には4つの側面（図表2-13）があります。あくまで個人の努力を前提にして必要な時期を見極め、効果的な支援を選ぶことが重要です。

図表 2-13：4 種の社会的支援の効果と内容

	効果	支援の具体的内容
情緒的支援	周囲の者が受容的であることで、情緒が安定し、やる気が起こる	共感的な対応：傾聴する、励ます、慰める、うなずく、笑顔で対応する、見守る
情報的支援	問題解決を間接的に進める	必要な知識を与える、助言する、処理すべき事柄を整理し提示する、困難を予想する、研修を行う、専門家を紹介する
道具的支援	問題解決を直接的に進める	グループづくり、金銭的支援をする、効率化のための処置をする
評価的支援	自信が深まる。今後のことについて積極的になる	努力を評価する、ほめる、フィードバックする、適切な人事考査

出典元：「メンタルヘルス・マネジメント検定試験公式テキスト」大阪商工会議所編、中央経済社、P.125「4種のソーシャルサポートの効果と内容」より引用　一部改変

03 ストレスへの対処法

1．ストレスコーピングとは

　ストレスコーピングとはストレス反応をなくしたり減らしたりするための対処行動です。

　人は、ストレス要因が発生すると、不快なストレス反応を除去あるいは低減するために何らかの行動を起こします。たとえば、不安を和らげるためにスポーツに没頭したり、嫌な気分を酒で紛らわしたり、不満や怒りを発散するために愚痴を言ったりします。

　コーピングには健康的な行動と不健康な行動があり、飲酒や愚痴はよく行われる発散法ですが、本来の問題解決にならないばかりか弊害が生じることもあるので、健康的なコーピングを取り入れる必要があります。

　また、ストレスコーピングは個人の認知の方法に働きかけることで感情などに良い変化をもたらし、ストレスに対処する力を向上させるという認知行動療法（第4章で解説）的観点を持っています。

2．ストレスコーピングの分類とテクニック

　ストレスコーピングは大きく分けて「問題焦点型」と「情動焦点型」に分類され、それぞれを実践するためのテクニックがあります。図表 2-14 は心理学的に効果のあるコーピング例です。

（1）問題焦点型コーピング
　問題焦点型コーピングとは、ストレスの原因となっている物事そのものに焦点を当て、それを変化させるように働きかけることで、問題を解決したり、対策を立てたりする方法です。たとえば、いじめがストレスの原因になっているのなら、その加害者に働きかけることで、問題となっている点を解決に向かわせるということをします。しかし、直接ストレスの原因になっている源にアプローチする必要があるので、実行が難しいのが問題点です。

■ 社会的支援探索型コーピング
　人がストレス状態にある時は、心身のバランスが崩れ、頭の中が整理できずに正常な判断ができない場合も多いといわれています。ストレスコーピングを実践しようと思っても、状況を客観的に把握することができず、どのように進めていいのか判断できないこともあります。

　そのような時には、家族や友人など周囲の人や、カウンセラーなどの専門家に相談し、じっくりと話を聞いてもらうことで、他者の考え方や物の見方を知ることができ、冷静に自分の問題を整理するきっかけになります。

（２）情動焦点型コーピング

　情動焦点型コーピングとは、ストレスの原因となっている物事そのものに働きかけるのではなく、それに対する自分自身の受け取り方、感じ方を変えてストレスを軽減する対処法です。

　たとえば、親しい人との別れなど、自分の力では状況を変えることができないような場合、良い思い出を心の中にしまって、感謝の気持ちをもつことができれば有効な対処法になります。

■認知的再評価型コーピング

　ストレスの原因に対する捉え方や考え方を修正するという対処法で、見方を変えて前向きに受け止める、いわゆるポジティブシンキングを行うものです。たとえば、厳しい営業目標にストレスを感じている場合、これをやり遂げれば次のステージに上がれる、前にも乗り越えられたから今回もできる、と前向きに考えることです。

■気晴らし型コーピング

　いわゆるストレス解消法というもので、ストレスを感じてしまった後にストレスを外に追い出したり、発散させたりする対処法です。ショッピングに行く、美味しいものを食べる、音楽を聴く、運動するなどで気分転換を図ることは手軽に行うことができるので、ストレス解消に役立てることができます。

■リラックスとリラクゼーション法

　人が不安や怒り、あるいは抑うつといった気分・感情を一時的に解消する方法がリラックスです。休日をゆっくり過ごす、趣味を楽しむなどでストレスを緩和することができます。

　一方、リラクゼーション法はストレス状況で生じた、不必要で過剰な緊張が低下するように身体の筋群を緩めることです。ヨガや、座禅、呼吸法や自律訓練法、アロマテラピー、腹式呼吸法などがあり、特に、肩こりや頭痛などの身体的反応に効果が高いといわれています。いずれも身体的なリラックス状態をつくることで精神のリラックスをもたらすストレス対処法です。

図表 2-14：心理学的に効果のあるコーピング例

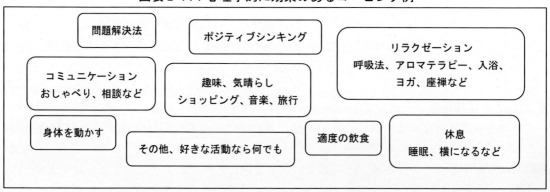

出典元：「洗足ストレスコーピング・サポートオフィス」のサイトより引用　一部改変

第 3 章

ストレス関連疾患と心の病

01 ストレス関連疾患の理解

１．ストレス関連疾患とは

　長期間あるいはごく短期間であっても強いストレスを受けたことによるストレス反応が改善されずに慢性化していくと、メンタルヘルス面の疾患だけでなく、身体面の疾患に至ることがあります。ストレス関連疾患は、ストレスが疾病の発症やその症状に大きな影響を与えると考えられる心身の不調の総称です。

　たとえば、緊張した時や嫌なことがあった時などに決まって調子が悪くなるというように、ストレスが原因で体の病気が起こる、あるいは体の病気がストレスで悪化するなど、ストレスの関わりが深い病気をまとめてストレス関連疾患と呼んでいます。

２．心身症

（１）心身症とは

　心身症はいわゆる心の病とは異なり、体の病気ですが、病気の始まりや途中経過に、心の問題や社会との関わりが強く関係しているということです。つまり、ストレスが蓄積されたために身体に疾患（病態）が現れた状態をいいます（図表 3-1）。

　しかし、これらの疾患のすべてがストレスによるわけではありません。同じ症状でも、心身症である場合とそうでない場合があります。例えば心理的な要因ではなく、食事の不摂生など身体的な要因から起こった場合の胃潰瘍は心身症とはみなされません。

図表 3-1：心身症がしばしば認められる身体疾患

部　　位	疾　　　　　患
呼吸器系	気管支喘息、神経性咳嗽、過換気症候群など
循環器系	本態性高血圧、起立性低血圧、冠動脈疾患（狭心症、心筋梗塞）など
消化器系	胃・十二指腸潰瘍、慢性胃炎、過敏性腸症候群など
内分泌・代謝系	神経性食欲不振症、（神経性）過食症、甲状腺機能亢進症など
神経・筋肉系	筋収縮性頭痛、片頭痛、慢性疼痛、痙性斜頸など
皮膚科領域	慢性蕁麻疹、アトピー性皮膚炎、円形脱毛症など
泌尿器・生殖器系	夜尿症、遺尿症、神経性頻尿（過敏性膀胱）など
産婦人科領域	更年期障害、機能性子宮出血、月経前症候群など
整形外科領域	慢性関節リウマチ、全身性筋痛症、腰痛症など
眼科領域	眼精疲労、本態性眼瞼痙攣など
耳鼻咽喉科領域	耳鳴り、めまい（メニエール症候群、動揺病）など
歯科・口腔外科領域	顎関節症、口腔乾燥症、三叉神経痛など

出典元：「りたりこ仕事ナビ」サイトより引用　一部改変

（２）心身症にみられる心理・社会的行動特性

① 自分の気持ちや感情に気づきにくく、心情を言葉でうまく表現できない傾向・特徴があります。

・感情を言葉にすることがうまくできず、感情の表現は言葉より行動に訴える傾向が強い
・事実関係は述べるものの要領が悪く、感情が伴わない
・コミュニケーションがうまくとれない
・想像力に乏しく、悩みを人にうまく伝えられない

② 過剰適応

　生真面目で過剰なまでに仕事にのめり込む傾向があり、周囲の人に気をつかい、頼まれると断れず自己犠牲的になりやすい。自分のネガティブな感情を抑え、周囲の期待に応えようと努力し続けるため、ストレス反応が生じ、心身症に至る可能性が高くなります。

（３）職域でみられやすい代表的な心身症

① 過敏性腸症候群

　過敏性腸症候群は、大腸に腫瘍や炎症など症状の原因となる病変が認められないのに、腹痛を伴う下痢や便秘などの症状が数ヶ月以上にわたって続く消化管の機能障害の疾患です。ストレスが症状を悪化させる要因の一つと考えられています。

　腹痛のほか、食欲不振、胸やけ、頭痛・頭重感、めまい、息切れ、不眠などが認められる場合や不安感、抑うつ感などの精神症状を合併する場合もあります。症状が重篤な場合、通勤電車に乗れないなど日常生活に支障をきたす場合もあります。

　治療では、自覚症状の軽減と心身相関への気づきを促し、本人が主体的にコントロールできるように指導します。ゆっくりと焦らずに段階的に取り組んでいくことが求められます。

② 緊張型頭痛

　頭を締めつけられているような連続性の痛みが特徴です。CT や MRI などの画像検査では異常はありません。痛みの程度は寝込むほどではないものの、業務パフォーマンスの低下につながる可能性はあります。治療では、まず、重篤な疾患につながるものではないことを説明し、安心感を与えます。次に、専門家の介入を検討し、認知行動療法を用いて「頭痛がひどいので何もできない」という誤った認知の修正を図ることが有効です。

③ 摂食障害

　食事や体重に対する過剰なこだわりがあり、太ることに対する恐怖感が特徴的な疾患です。詳しくは、P．49 の「10．摂食障害」で説明します。

（４）心身症の現れ方と対処

　心身症はあらゆる臓器に出現し、再発を繰り返す疾患も多いことから本人のコントロールがうまくできない場合、欠勤や遅刻などで職域へもさまざまな影響が及びます。また、心筋梗塞やくも膜下出血など、重篤な疾患として現われることもあり、その場合、背景となり得る職場要因の検討が必要となります。

　なぜなら、使用者には就業による労働者の健康障害が予見される場合、それを回避すべき義務が安全配慮義務として課せられているからです。職場因子を検討し、必要な改善に着手することは労災上のリスクを低減する意味においても重要な事項となります。

３．ストレス社会特有のメンタルヘルス不調

　現代社会は、経済が豊かになり、科学技術の高度発達やグローバル化の拡大など一昔前には考えられなかったような目覚ましい変化を遂げています。より便利で快適な生活が実現している一方で、ストレス社会とも呼ばれるこの社会で、人々は多くのストレスを抱えています。

　そのような現代社会から生まれた特有のメンタルヘルス不調があります。

（１）燃えつき症候群

　燃えつき症候群はバーンアウトシンドロームとも呼ばれ、1974年にアメリカの心理学者、ハーバート・フロイデンバーガーが最初に用いた言葉で、今まで熱心に仕事に取り組んでいた人が、急に熱意や意欲を失ってしまうという様態を示す言葉です。

　朝起きられない、会社に行きたくない、飲酒量が増えるなど行動面の変化から始まり、うつ状態・意欲の減退・ストレス性の身体症状・感情の枯渇・自己嫌悪・思いやりの喪失など、さまざまな徴候が現れてきます。その結果、家庭生活に影響が及んだり、人間関係の崩壊などにつながったり、最悪の場合には希死念慮（死にたいという欲求）が生じるケースもあります。

　もともとは、医師や看護師、福祉・介護などの援助職や教師など人に関与する職業の人に起こりやすいとされてきました。これらの職業は心的エネルギーが過度に要求されるにもかかわらず、努力しただけの結果が出るとは限らず、目に見える成果が得にくいため、そのストレスから燃えつきの状態に陥ってしまいやすいといえます。

　しかし、現在ではこういった職業に限定されることなく、職場の人間関係にストレスを感じる人が多くなっている社会状況から、広い範囲の人に燃えつきのリスクがあるといえます。また、親の期待のもとで達成感を得にくい子どもたちや、育児不安などで孤立した母親なども、燃えつきのリスクがあります。

　燃えつきは段階的に進行していくので、徴候に早めに気づくことや、対処法を身につけるなどの予防が大切です。

　特徴的な燃えつき（バーンアウト）の徴候には次のようなものがあります。
・急に欠勤や遅刻が増える
・仕事にミスや雑な対応が目立つ
・いい加減な態度が増える
・感情や意欲を失う
・コミュニケーションがうまくとれなくなる
・飲酒量が増えたり、買い物の量が増えたりする
・頭痛、朝起きられなくなるなどの体の不調が出てくる

（２）無気力症候群（アパシー・シンドローム）

　意欲が低下したり、自発性が低下したり、感情の起伏が小さくなったり、周囲に無関心になったりするような症状を呈することを、「無気力症」「無気力症候群」「アパシー・シンドローム」といいます。これらの反応は、強いストレスから心を守るための回避行動とも言われています。この言葉は、厳しい受験を乗り越えてきた大学生に多く見られる「五月病（学生や新人社員などが、新しい環境の変化に適応できないことに起因する精神的な症状の総称）」の症状として広

く知られるようになりました。最近では学生だけでなく、社会人でもこの症状を呈する人たちがいることが報告されています。

（3）テクノストレス
　テクノストレスとは、コンピューターやIT機器などに過剰に適応したり、逆にうまく適応できないために生じる心身の障害です。その障害によりさまざまな病態が現れるので、テクノ症候群と呼ばれています。
① テクノ不安症：自分がコンピューター社会についていけないのではないか、と不安になり、過度のストレスでイライラしたり、焦燥感、頭痛、悪夢などの症状やエスカレートした場合には絶望感などを抱いたりします。
② テクノ依存症・ネット依存症：コンピューターに依存してしまって常に触っていないと落ち着かなくなり、インターネットにのめり込んで、人や社会とコミュニケーションがとれなくなってしまう状態のことです。睡眠不足になる、対人関係を嫌う、ひどい場合には仮想社会から実社会に戻れなくなってしまうなど、日常生活に支障をきたし、身体的にも影響が出ます。コンピューターを扱う際のルールを作って予防することが必要です。
③ VDT（Visual Display Terminals）症候群：ディスプレイ（コンピューター画面）を見ながら長時間キーボード作業を続けることによって身体的症状が起こる、一種の職業病であり、この症状に悩んでいる人は多いといわれています。腕や腰の痛みや凝り、眼精疲労などの症状を感じたら休憩を取り、長時間の作業を控えるようにします。作業にあたっては、定期的に画面から目を離す時間を設けるようなルールを決めておくことが予防になります。

（4）不眠症
　不眠症は、布団に入ってもなかなか眠れない、うなされて途中で何度も目が覚めて熟睡できない、目が覚めたあと寝付けないなどにより、疲労感が残る、朝起きられない、気力が出ないなど日常の生活や健康に支障をきたす状態です。

（5）自律神経失調症
　自律神経失調症は、ストレス等により、自律神経が乱れ、心身に不調が現れた状態です。全身の倦怠感、頭痛、肩こり、多汗、しびれ、動悸、めまい、不整脈、不眠などの症状が引き起こされます。不安、緊張などの精神的な症状もあります。

（6）引きこもり
　社会から逃避して、自室からほとんど出ないで閉じこもり外出しない状況をいいます。近年は、学齢期にある者ばかりでなく、中高年期の引きこもりも増えています。
　2018年12月に内閣府が初めて行った中高年層を対象にした引きこもりの調査によると、自宅に半年以上閉じこもっている「引きこもり」にある40〜64歳の人が、全国で推計61万3千人もいるとの調査結果があります。そのうち7割以上が男性で、引きこもりの期間は7年以上が半数を占めています。この調査により、40〜64歳の人が、15〜39歳の推計54万1千人を上回り、引きこもりの高齢化、長期化が鮮明になりました。

02 心の病の基本的理解

1．心の病を正しく理解するために

（1）心の病の診断基準とその重要性

　心の病、つまり精神疾患とは、何らかの脳の器質的変化あるいは機能的変化が起こり、さまざまな精神症状、身体症状、行動の変化が見られる状態です。体の病気の場合は、臓器の種類や部位、原因によって分類されてわかりやすいのですが、心の病の場合、症状の変化に本人自身が気づかなかったり、見た目ではわかりにくかったりするため、周囲の理解を得るのが難しいこともあります。

　また、主に脳という一つの臓器に変化が生じていて、原因がわかっていない疾患が多いという特徴があります。

　そのため、現在では特徴となる症状と持続期間およびそれによる生活上の支障がどの程度あるのかを中心に診断名をつける方向に変わってきました。心の病についての主な診断基準として、アメリカ精神医学会が作成した DSM－5、WHO（世界保健機関）によって作られた ICD－10（国際診断基準）があり、どちらも日本で広く使われています。こうした診断基準では病名をつける際に、原因は問わないことが基本となっています。

　このように、社会的な環境やストレスの状態も含めて総合的に診断することは治療方針を決める上でとても重要なことです。

（2）心の病は誰でもかかり得る病気

　心の病は自分とは関係ない「特殊な人の病気」「心の弱い人の問題」と考えるのではなく、「脳の病気として生じている状態」と理解することが大切です。

　たとえば、2019 年に公益財団法人日本生産性本部が発表した企業アンケート調査結果によると、最近 3 年間における「心の病」が「増加傾向」と回答した企業は 32.0％と、前回調査（2017年）の 24.4％より増加しています。

　また、文部科学省が実施した、「2019 年度公立学校教職員の人事行政の状況調査」によると、うつ病などの「心の病」で休職した教職員は 5,000 人に上るとされています。

　実際、うつ病の有病率が 2〜5％であることを考慮すると、人口 1,000 人のうち 20〜50 人がうつ病に罹患するということになります。心の病は、決して珍しい病気、例外的な状態でもなく、全ての人・誰もが心の病になる可能性があるということです。

2. 心の病にみられるさまざまな症状

　心の病にはさまざまな症状があり、自分で気づきやすい症状と、自分では気づきにくく、家族や職場などの周囲の人が先に気づく変化があります。心の病にはどういう症状があるかを知っておけば、より早く適切な対策を講じることができます。

（1）身体面の症状
　体に症状が出ている場合は、まずその症状に関係する身体面についての検査や診察を受けることが大切です。その結果、異常が見られない場合は、心の病に関する専門家や医療機関に相談します。主な症状には以下のようなものがあります。
- 疲労、全身倦怠感：体がだるい、重い、疲れがとれない
- 動悸・めまい：心臓がどきどきする、息苦しい、めまいがする
- 頭痛：頭が締めつけられる、睡眠不足になる、肩こりを伴う
- 食欲不振：おいしくない、何も食べたくない、空腹感がない

（2）心理面の症状
　物事が思ったように進まないときには、気持ちが落ち込んだり、イライラしたり、眠れないことがあります。このような症状が長く続くと、不安が増し、生活にも支障をきたします。早めに専門家に相談することが大切です。主な症状には以下のようなものがあります。
- 憂うつ：気持ちが沈む、楽しいことがない、虚しい、死にたい
- 不安・緊張：気持ちが落ち着かない、どきどきして心細い
- 怒り：イライラする、怒りっぽくなる、自分を責める、物に当たる
- 幻聴：誰もいないのに声が聞こえる

（3）生活・行動の変化
　本人が気づいていない生活・行動面の変化を周囲の人が気づくことがあります。さり気なく、「体調はどうですか？」「なにか困っていることはないですか？」など気遣う言葉がけをしてみると早めに状況が把握できます。主な生活・行動面の変化には以下のようなものがあります。
- 生活の乱れ：服装・入浴・歯磨きなどのセルフケア不足、昼夜逆転、不規則な生活
- 行動の変化：ミスが増える、ぼんやりしている、遅刻・欠勤が増える
- ひきこもり：人に会いたくない、外出したくない

03　主な心の病

1．うつ病

（1）うつ病とは

　うつ病とは、心のエネルギーが低下した状態で、精神的ストレスや身体的ストレスが重なることなど、さまざまな理由から脳の機能障害が起きている状態です。そのため、ものの見方が否定的になり、自分がダメな人間だと感じてしまい、普段なら乗り越えられるストレスもよりつらく感じられるという、悪循環が起きています。うつ病は心の病の中で最も多いとされています。眠れない、食欲がない、一日中気分が落ち込んでいる、何をしても楽しめないといったことが二週間以上続いている場合、うつ病の可能性が高くなります。

　また、うつ病は自殺の危険性をはらんでおり、島　悟氏（メンタルヘルス入門，日本経済新聞出版社, P. 79）は、「被雇用者で自殺する者の約7割は、うつ病であるという報告もあります」と述べています。うつ病の生涯有病率（一生の間にこの病気にかかる率）は、10〜20%とされ、2016年に厚生労働省が行った調査で、15人に1人が生涯に一度うつ病にかかる可能性があると報告されています。

（2）一般的症状

　うつ病の基本的な症状は、強い抑うつ気分、興味や喜びの喪失、食欲の障害、睡眠の障害、精神運動の障害（制止または焦燥）、疲れやすさ、気力の減退、強い罪責感、思考力や集中力の低下、死への思いであり、他に、身体の不定愁訴（明らかな身体的原因が認められないにも関わらず、頭痛や筋肉痛、腰背部痛、疲労感、腹痛、悪心、食欲不振など多彩な症状）を訴える人も多く、被害妄想などの精神病症状が認められることもあります。

（3）発症の要因（危険因子）

①性別、年齢：女性は男性の2倍程度うつ病になりやすいといわれています。男女差の原因としては、思春期における女性ホルモンの増加、妊娠・出産など女性特有の危険因子や社会的役割の格差などが考えられます。また、うつ病は若年層に高頻度にみられますが、うつ病の経験者は若年層と中高年層の2つの年齢層に多いとされています。

②その他の要因：つらい被養育体験、最近のライフイベント（離婚、死別、その他ストレスとなった出来事）、心の傷（トラウマ）になるような出来事が要因として報告されています。

（4）うつ病を疑うサイン

　うつ病では、頭痛や肩こりなどの身体症状や気分の変化、食欲不振など自覚できる症状や変化がある一方で、本人は気づかないが、周囲が気づく変化も多くあります。うつ病を疑うサイン（図表3-2）を知っておくことは、早期に専門医の適切な治療を受けるために大切なことです。

図表 3-2：自分が気づく変化・周囲が気づく変化・体に出るサイン

自分が気づく変化

1．悲しい、憂うつな気分、沈んだ気分
2．何事にも興味がわかず、楽しくない
3．疲れやすく、元気がない、だるい
4．気力、意欲、集中力の低下を自覚する
　（おっくう、何もする気がしない）
5．寝付きが悪くて、朝早く目がさめる
6．食欲がなくなる
7．人に会いたくなくなる
8．夕方より朝方のほうが気分、体調が悪い
9．心配事が頭から離れず、考えが堂々めぐ
　りする
10．失敗や悲しみ、失望から立ち直れない
11．自分を責め、自分は価値がないと感じる
12．死にたくなる

周囲が気づく変化

1．表情が暗く、元気がない
2．体調不良の訴えが多くなる
3．仕事や家事の能力が低下し、ミスが
　増える
4．周囲との交流を避けるようになる
5．遅刻、早退、欠勤が増える
6．涙もろくなって、反応が遅い
7．趣味やスポーツ、外出をしなくなる
8．飲酒量が増える

体に出るサイン

1．頭痛や肩こり
2．動悸
3．胃の不快感、便秘
4．めまい
5．口の渇き

出典元：2016 年　厚生労働省　地域におけるうつ対策検討会作成「うつ病対応マニュアル—保健医療従事者のために—」より引用　一部改変

3

ストレス関連疾患と心の病

（5）治療

　うつ病に限らず、精神疾患の治療は薬を用いる薬物療法、気持ちや考え方を整理する精神療法、病気のきっかけとなったような環境の負担をできるだけ少なくする環境調整、という 3 つを組み合わせて行います。

　まずは休養を十分にとることがもっとも重要です。ときには、しばらく仕事を休むことも必要です。再発を繰り返さないためにも十分に休養することが治療のポイントとなります。

　治療では、一般的に抗うつ薬による治療が行われますが、抗うつ薬の他にも、症状に合わせて抗不安薬や睡眠導入剤なども使われます。

　また、ストレスなどの影響を受けやすい人は精神療法的なアプローチ、認知療法が効果的です。大野裕氏（こころが晴れるノート，創元社，P.10）は、「ストレスがたまってうつ的になっているとき、人は、自分、周囲、将来の 3 つに悲観的な目を向けている」と述べています。そのときに役に立つのが、否定的な認知を修正していく認知療法と呼ばれる精神療法（カウンセリング）です。

２．双極性障害（躁うつ病）

（１）双極性障害とは

　双極性障害は、精神疾患の中で気分障害に分類されている疾患の一つで、これまでは躁うつ病と呼ばれてきました。双極性障害はうつ状態に加え、その対極にある躁状態が現れ、これらを繰り返す慢性の病気です。

　うつ状態では、一日中憂うつな気分になり、眠れなくなったり、逆に眠り過ぎたり、食欲が低下したり、好きだった趣味などにも関心を示さなくなります。ひどい場合は、体を動かすことさえおっくうになる場合もあります。

　一方、躁状態のときには、気分は爽快で、誰かれ構わず話しかけたり、ほとんど眠らずに動き回ったり、行動的で、「ハイテンション」な状態です。考えや行動がまとまらないため、仕事でもミスが多くなり、業務に支障が出てくる場合もあります。うつ病のだいたい 10％程度は、躁状態にもなるといわれています。

　双極性障害の原因は、まだ解明されていません。ストレスが誘因や悪化要因になり、どんな性格の人でもなり得る病気です。

（２）「双極Ⅰ型障害」と「双極Ⅱ型障害」

　双極性障害は、躁状態の程度によって二つに分類されます。家庭や仕事に支障をきたし、入院が必要になるほどの激しい症状を「躁状態」といいます。一方、周囲から見て明らかに気分は高揚しているものの、普段より調子が良く、仕事もはかどり、本人も周囲もそれほど困らない程度の状態を「軽躁状態」といいます。

　うつ状態に加え、激しい「躁状態」が起こる双極性障害を「双極Ⅰ型障害」、うつ状態に加え、「軽躁状態」が起こる双極性障害を「双極Ⅱ型障害」といいます。双極Ⅰ型障害の躁状態では、ほとんど寝ることなく動き回ったり、休む間なく喋り続けるため、家族を疲労困憊させてしまったり、高価な買い物をして借金を作り、法的な問題を引き起こす場合もあります。そのため、仕事や信用、社会的地位などを失ってしまう危険があります。

（３）治療法

　双極性障害の場合、本人は躁状態や軽躁状態の自覚がない場合が多いので、多くの患者はうつ状態になったとき、うつ病だと思って受診します。正しい診断と治療法の選択のために、以前の躁状態や軽躁状態のことをきちんと医師に伝えることが重要です。

　双極性障害の治療には薬物療法と精神療法（心理教育）が用いられます。薬物療法は気分安定薬が有効です。もっとも基本的な薬はリチウムで、躁状態とうつ状態を改善・予防する効果、自殺を予防する効果があります。精神療法では、患者が病気の性質や薬の作用と副作用を理解し、再発予防や再発のきっかけになりやすいストレスに対処する方法を心理教育で学習します。

　また、規則正しい生活を送ることも治療には良い効果がありますので、夜ふかしを避け、朝はしっかり陽の光を浴び、散歩などの軽い運動をするなど一定のスケジュールで生活することは、病気の安定にとても大切です。

3．適応障害

（1）適応障害とは

　ICD−10（WHO による国際診断基準）によると、「ストレス要因により引き起こされる情緒面や行動面の症状で、社会的機能が著しく障害されている状態」と定義されています。ある生活の変化や出来事がその人にとって重大で、普段の生活が送れないほど抑うつ気分、不安や心配が強く、それが明らかに正常の範囲を逸脱している状態といえます。

　情緒面の症状としては、抑うつ気分、不安、怒り、焦りや緊張などがあり、たとえば、憂うつな気分や不安感が強くなると、涙もろくなったり、過剰に心配したり、神経が過敏になったりします。行動面の症状では、行き過ぎた飲酒や暴食、無断欠勤、無謀な運転や喧嘩などの攻撃的な行動が見られることもあります。

（2）職場不適応の実際

　職場不適応とは、職場において「人」と「環境」との適応がうまくいかない状態を指します。配置転換・異動・上司の交替・業務変更などが契機となり、適応障害が発症します。職場不適応は、抑うつ気分を伴うもの、不安を伴うものなどに分けられます。通常、ストレスの原因がなくなると速やかに軽快しますので、原因になっているものを明らかにすることが第一です。

（3）治療法

① ストレス要因の除去：まず、環境調整をすることです。職場不適応の場合は、職務内容の変更や配置転換なども考慮します。

② 本人の適応力を高める：ものごとの受け止め方を柔軟にしていく認知行動療法や、抱えている問題に焦点を当てて解決方法を見出していく問題解決法などのカウンセリングが有効です。抗うつ薬や抗不安薬などの薬物療法を行うこともあります。

4．パニック障害

（1）症状と特徴

　突然理由もなく、動悸やめまい、発汗、窒息感、吐き気、手足の震えといった発作を起こし、そのために生活に支障が出ている状態をパニック障害といいます。このパニック発作は、「おかしくなるのではないか」「死んでしまうのではないか」と思うほど強く、恐怖感を伴い、自分ではコントロールできないと感じます。

　パニック発作を体験した人の多くは、再びパニック発作が起こるのではないかという不安を抱くことが多く、この不安を「予期不安」と呼んでいます。そのため、また発作が起きたらどうしようかと不安になり、発作が起きやすい場所や状況を避けるようになります。これは「回避行動」と呼ばれるもので、たとえば、通勤電車の中でパニック発作が起きると、また起きるのではないかとの不安を抱くようになり、満員電車を避けて車通勤や時間帯を変更するなどの行動をとることが多くなります。

　また、エレベーターなど閉じられた空間では「逃げられない」と感じて、外出できなくなってしまうことがあります。このような空間恐怖を伴うパニックを「広場恐怖」と呼びます。

（2）有病率と予後

　パニック障害の生涯有病率は 2～3%とされており、女性の方が多く、男性の 2 倍程度です。比較的若い時期に生じやすく、もっとも多い年代は 30 代です。

　パニック障害は、短期間で軽快することは少なく、慢性的な経過をたどることが多い病気です。死にそうに思える症状に直面するため、救急車で運ばれることも多いのですが、身体的異常がないことから、適切な診断、治療を受けられない場合もあります。また、慢性化する過程でうつ病を併発することもあります。

（3）治療法

　パニック障害の治療は、抗うつ薬や抗不安薬を用いた薬物療法と認知行動療法などの併用が効果的です。薬が効き始めて発作が起こらなくなってきたら、少しずつ外出などに挑戦し、専門家と相談しながら、一歩一歩ゆっくりと進めていきます。

５．身体表現性障害

（1）身体表現性障害とは

　身体表現性障害とは、心理的な問題が背景にあり、その問題が不安・抑うつ・悲しみなどの精神症状として現れずに、身体症状として現われるものです。あらゆる器官に多様な身体症状が見られ、そのために日常生活が妨げられる病気です。

　詐病と間違われることがありますが、意図的に病気を装うものではなく、実際に本人はつらい思いをしているので、周囲は病気の理解に努め、病気として適切に扱うことが必要です。

（2）3 つの代表的な症状

① 身体症状症（疼痛性障害）：頭・背部・腰・関節・舌などの痛みや、めまい・耳鳴り・視力障害・胸痛・胃痛・動悸・腹痛・頻尿・生理痛など多岐にわたる症状を呈します。
② 病気不安症（心気症）：重大な身体疾患に罹っているのではないかという恐怖や考えへのとらわれが見られます。そのため、医療機関を転々とする「ドクターショッピング」になることも多くみられます。
③ 変換性／転換性障害：力が入らない、筋肉の強い突っ張り、歩けない、などの運動に関する症状や、皮膚の感覚がおかしい、見えない、聞こえない、といった感覚の症状を呈します。

（3）治療法

　抗うつ剤を中心とした薬物療法と認知行動療法などの心理治療が用いられます。身体症状が長く続くと本人の気持ちの状態と周囲の見方にギャップが生じやすいため、病気として適切に扱うことが大切です。

６．強迫性障害

（1）強迫性障害の特徴

　自分でもおかしい、つまらないことだと分かっていながら、イヤな考え（強迫観念）が頭か

ら離れずに、それを打ち消すために表面的には意味があるように見える行為（強迫行為）を何度も繰り返してしまうことが、強迫性障害の特徴です。

　強迫性障害の生涯有病率は1～2%で、男女差はありません。発症年齢は早く、多くは19～20歳です。成人患者の30～50%は小児期から青年期に症状が出始めていることが分かっています。

（2）代表的な強迫観念と強迫行為

① 不潔恐怖と洗浄：汚れや細菌汚染の恐怖から過剰に手洗い、入浴、洗濯を繰り返します。ドアノブや手すりなど不潔と感じるものに触れないという症状などもあります。

② 加害恐怖：誰かに危害を加えたかもしれないという不安にさいなまれます。車の運転中にタイヤが何かを踏んだりすると、人をひいたのではないかという不安に襲われ、その場所に戻って確認します。

③ 確認行為：自分の行為が完全だったかどうか絶えず疑いを持ち、何度も確かめないと気がすまなくなり、戸締まり、ガス栓、電気器具のスイッチなどを過剰に確認します。

④ 儀式行為：何かする時、自分が決めた手順でやらないと、恐ろしいことが起きるという不安から、同じ方法にこだわります。

⑤ 順序や数字へのこだわり：服を着るときなどに、必ず決められた順序でやらなくてはいけないと考え、順番を間違うと最初からやり直すため、時間を費やします。また、特定の数字を不吉と感じ、その数字を避けようとしたり、あるいは幸運な数字に強くこだわったりします。

⑥ 物の配置、対称性などへのこだわり：物の配置や対称性に一定のこだわりがあり、必ずそうなっていないと不安になります。

（3）強迫性障害のサイン

　強迫性障害は、戸締りの確認や手洗いなど、誰もが生活の中ですることの延長線上にあります。「少し神経質なだけ」なのか、「行き過ぎているのか」の判断は難しいところですが、日常生活や社会生活に影響が出ている場合や、家族や周囲の人が困っているという状況があれば、専門家に相談することを考えてみる必要があります。次のようなサインが参考になります。

・手洗いや戸締まり確認に時間をとられる、火の元の確認に何度も家に戻った結果、常に約束に遅れる

・強い不安や強迫行為でエネルギーを消耗し、心身が疲労して健全な日常生活が送れない

・家族や周囲の人に、戸締まりや手洗いなどの確認行為を強要し、自身の強迫観念に巻き込むことが多くなる。その結果、人間関係がうまくいかなくなる

（4）治療法

　強迫性障害の治療には、認知行動療法と薬物療法の組み合わせが効果的だとされています。

　まず、抗うつ薬を使用して抑うつや不安状態を安定させてから、認知行動療法に入るのが一般的です。認知行動療法では、汚いと思うものを触っても、手洗いを我慢するなどの課題に立ち向かい、続けていくことで強い不安が弱くなっていき、強迫行為をしなくても大丈夫なようになっていきます。

7．解離性障害

（1）原因とその背景

　私たちの記憶や意識、知覚やアイデンティティ（自我同一性）は本来一つにまとまっています。解離とは、これらの感覚をまとめる能力が一時的に失われた状態です。

　たとえば、過去の記憶の一部が抜け落ちたり、知覚の一部を感じなくなったり、感情が麻痺するといったことがあります。また、解離状態において、通常は体験されない知覚や行動異常、新たな人格の形成などが出現することもあります。

　こうした、自分が自分であるという感覚が失われている状態や現実感の喪失などのさまざまな症状が深刻となり、日常の生活に支障をきたすような状態を解離性障害といいます。

　原因としては、ストレスや心的外傷が関係しているといわれます。心的外傷にはさまざまな種類があり、災害、事故、暴行を受けるなど一過性のもの、性的虐待、長期にわたる戦闘体験など慢性的に何度も繰り返されるもの等があります。解離性障害は、そのようなつらい体験を自分から切り離そうとするために起こる一種の防衛反応と考えられています。

（2）症状

　WHO（世界保健機関）の診断ガイドライン ICD−10 にリストアップされている解離性障害の主な症状には以下のようなものがあります。

① 解離性健忘：ある心的ストレスをきっかけに出来事の記憶をなくすもので、多くは数日のうちに記憶がよみがえりますが、ときには長期に及ぶ場合もある

② 解離性とん走：自分が誰かという感覚や過去の記憶の一部または全てを失い、家族や仕事を残して日常生活の場所から姿を消してしまう

③ カタレプシー：体が硬くなって動かなくなること

④ 解離性昏迷：体を動かしたり、言葉を交わしたりできなくなること

⑤ 離人症：自分が自分であるという感覚が失われ、あたかも自分を外から眺めているように感じられること

⑥ 解離性てんかん：心理的な要因で、昏睡状態になる、体が思うように動かせなくなる、感覚が失われるなどの症状が現れる

⑦ 多重人格障害：複数の人格を持ち、それらの人格が交代で現れる。人格同士は、別の人格が出現している間はその記憶がない場合が多く、生活上の支障をきたすことが多くなる

（3）治療法

　解離性障害の治療の基本は、安心できる治療環境を整えること、家族など周囲の人の理解、主治医との信頼関係です。解離性障害の主な原因は、心的なストレスによりほかの人に自分を表現できないことにあります。つまり、解離している心の部分は安心できる関係性でしか表現できないということです。

　解離性障害に有効な薬はないといわれており、その多くは、ある程度の時間を経れば自然に解消されるか、別の症状へ移行するのが一般的だといわれます。安全な環境や自己表現の機会を提供しながら、それらの症状の自然経過を見守るという態度も重要です。

8. PTSD（Post Traumatic Stress Disorder）：外傷後ストレス障害）

（1）PTSD とトラウマ

　通常の日常生活では体験しないような衝撃的な出来事に遭遇した際に生じる「心の傷」をトラウマと呼びます。このトラウマへの反応の中で特定の症状を呈する一群の病態が PTSD です。

　PTSD は強烈なショック体験、強い精神的ストレスがトラウマとなって、時間が経ってからも、その経験に対して強い恐怖を感じるというものです。その原因となるのは、テロや戦争、地震などの大規模な自然災害、性暴力などの犯罪、事故や事件の体験・目撃などです。

　突然、怖い体験を思い出す、不安や緊張が続く、めまいや頭痛がある、眠れないといった症状が出てきます。ストレスとなる出来事を経験してから数週間、ときには何年も経ってから症状が出ることもあります。通常、そのような症状が一ヶ月以上続く場合に、PTSD と診断されます。なお、症状の出現が一ヶ月以内の場合を、急性ストレス障害と呼んで期間で区分けしています。PTSD の出現頻度は、重大なトラウマに接した人の 10％前後に見られるといわれています。

（2）症状とサイン
① 突然、つらい記憶がよみがえる

　事件や事故のことなどをすっかり忘れたつもりでいても、ふとした時に、つらい体験のときに味わった感情の記憶（恐怖、苦痛、怒り、哀しみ、無力感など）がよみがえります。また、悪夢を繰り返し見ることも PTSD によくある症状です。

② 常に神経が張りつめている

　つらい記憶がよみがえっていないときでも緊張が続き、常にイライラしている、些細なことで驚きやすい、警戒心が強くなる、ぐっすり眠れないなどの過敏な状態が続くようになります。

③ 記憶を呼び起こす状況や場面を避ける

　日常の中につらい記憶を思い出すきっかけはたくさんあり、自分で気づかないうちにそうした状況を避けるようになります。その結果、行動が制限されて日常生活や社会生活に支障をきたすことも少なくありません。

④ 感覚が麻痺する

　つらい体験の記憶から心を守るための防衛反応として、感情や感覚が麻痺することがあります。そのために、家族や周囲の人に対してこれまで持っていたような優しさや愛情が感じられなくなったり、人に心を許すこともできなくなったりすることがあります。

⑤いつまでも症状が続く

　つらく怖い体験の直後であればほとんどの人に上記のような症状が現れます。一ヶ月位は様子を見て、症状が続くようであれば PTSD の可能性を考えて専門家に相談する必要があります。

（3）治療法

　心の傷の回復を助けることと、苦しい症状の軽減が治療の基本です。

　心理的・精神的アプローチとして持続曝露療法や眼球運動による脱感作療法などがありますが、必ず専門知識を持った治療者の立ち会いのもとに行う必要があります。また、眠れない、不安が強いなどのつらい症状を緩和するために、抗うつ薬や抗不安薬、睡眠導入薬などの薬物療法もあります。

９．睡眠障害

（１）睡眠障害とは

　睡眠障害とは、さまざまな病気の総称で、睡眠に何らかの問題がある状態をいいます。単に、不眠症だけではなく、昼間眠くて仕方がない状態、睡眠中に起きてくる病的な運動や行動、睡眠のリズムが乱れて戻せない状態などさまざまな病気が含まれます。

（２）睡眠の重要性と睡眠不足から引き起こされる問題

　睡眠は、心身の疲労回復をもたらすとともに、記憶を定着させる、免疫機能を強化するといった役割も持っています。したがって、健やかな睡眠を保つことは、心身の健康を促進し、活力ある日常生活につながります。夜の睡眠が妨げられると、眠気やだるさ、集中力の低下など日中にも症状が出現し、日常生活や社会生活にさまざまな影響が及ぶことがあります。

　たとえば、日中のだるさ、集中力の低下が事故につながったり、睡眠不足が長期間持続したりすると、生活習慣病やうつ病などになりやすくなるということもいわれています。

　このような、睡眠の問題や日中の問題が一ヶ月以上続く時は、何らかの睡眠障害の可能性を考え、専門家に相談するなど適切に対処することが重要となります。

（３）不眠症は国民病

　日本では、一般成人のうち約21％が不眠の悩みをかかえており、約15％が日中の眠気を自覚しているとの調査結果があります。すなわち成人の５人に１人、1,500万～2,000万の人に不眠があると推計されます。60歳以上では、約３人に１人が睡眠問題に悩んでおり、20人に１人が睡眠薬を服用しているといわれています。

　こうした背景には、人口の高齢化、ライフスタイルの多様化、生活リズムの乱れ、ストレスの増加などが関係しているのではないかと考えられます。不眠症は特殊な病気ではなく、誰もがかかり得る病気なのです。

（４）症状とサイン

　睡眠障害のサインや症状は大きく分けて、不眠、日中の過剰な眠気、睡眠中に起こる異常な行動や異常知覚・異常運動、睡眠・覚醒リズムの問題、の４つにまとめられます。ここでは、本人が自覚できる症状と家族や周囲の人から指摘される症状に分けて提示します。

①自覚できる症状
・不眠：寝付きの悪さ、途中で覚醒し再入眠できない、朝早く目が覚めてしまう、熟睡できない
・過眠：日中眠くて仕方がない、居眠りして注意される
・就寝時の異常感覚：脚がムズムズしたり火照ったりするために眠れない
・睡眠・覚醒リズムの問題：適切な時刻に入眠できず、起床したい時刻に起床できない

②人から指摘される症状
・いびき・無呼吸：睡眠時無呼吸症候群のように、眠っている時、突然息が詰まったようにいびきが途切れる
・睡眠中の異常行動：寝ぼけ行動、寝言、睡眠中の大声・叫び声
・睡眠中の異常運動：寝入りばなや夜間に脚がピクピクと動いている

（5）睡眠衛生について

　睡眠障害の改善に必要なことは、症状の把握とともに睡眠を妨げている睡眠環境や睡眠習慣がないか、見直して整えることです。たとえば、寝る時の明るさ、騒音、昼寝、飲酒習慣、カフェイン類の摂取状況などです。睡眠習慣の見直し例として、次のようなものが挙げられます。
・睡眠時間にこだわらない：年齢に合った睡眠時間の設定
・眠くなってから床につく、就床時刻にこだわりすぎない：床の中でテレビを見たり、読書したり、スマホ・パソコンなどの電子機器のブルーライトを浴びない
・同じ時刻に毎日起床：何時間眠れたかにかかわらず、同じ時間に起床する
・昼寝は短めに：昼寝は遅くとも午後3時前までに、30分以内とする
・寝酒は禁止：アルコールは睡眠の質を低下させ、依存傾向を促進する
　また、厚生労働省が2014年に作成した「健康づくりのための睡眠指針2014　〜睡眠12箇条〜」では、良い睡眠のための生活習慣・環境や睡眠不足・睡眠障害の予防などについて、睡眠12箇条としてまとめられています（図表3-3）。

図表3-3：健康づくりのための睡眠指針2014　〜睡眠12箇条〜

1．　良い睡眠で、こころもからだも健康に
2．　適度な運動、しっかり朝食、眠りと目覚めのメリハリを
3．　良い睡眠は、生活習慣病予防につながる
4．　睡眠による休養感は、こころの健康に重要
5．　年齢や季節に応じて、昼間の眠気で困らない程度の睡眠を
6．　良い睡眠のためには、環境づくりも重要
7．　若年世代は夜ふかしを避けて、体内時計のリズムを保つ
8．　勤労世代の疲労回復・能率アップに、毎日十分な睡眠を
9．　熟年世代は朝晩メリハリ、昼間に適度な運動で良い睡眠を
10．眠くなってから寝床に入り、起きる時刻は遅らせない
11．いつもと違う睡眠には、要注意を
12．眠れない、その苦しみを抱えずに、専門家に相談を

出典元：厚生労働省　健康日本21（第二次）より引用　一部改変

（6）治療法

　睡眠障害の治療は、疾患によって治療法が異なります。専門家の指示に沿って原因に応じた治療を受けることが重要です。

１０．摂食障害

（1）拒食症と過食症

　摂食障害は、極端な食事制限や、過度の食事の摂取など食行動の異常を指し、それによって健康にさまざまな問題が引き起こされる状態をいいます。　摂食障害には、食事をほとんど摂らなくなってしまう拒食症と、極端に大量に食べてしまう過食症があります。

　拒食症は、食事量が減る、低カロリーのものしか食べないことから体重が極端に減少することで、女性の場合、月経が止まるといった症状があります。極端な体重減少がある場合は、身体的な危機に陥ることもあり、早急に医療機関に相談する対応が必要です。

　一方、過食症は、いったん食べ始めるとやめられない、暴食しては吐くという症状が見られ、体重増加を嫌って下剤や利尿剤を使用することもよくあります。対人関係のストレスなどから過食が激しくなり、過食の後に自責感・敗北感が生まれて憂うつになることも多くなります。拒食症、過食症ともに、「やせたい」という強い思いがあるため、本人はなかなか治療したがらず、栄養不足からさまざまな体の不調につながり、死に至るリスクもある病気です。

（2）原因とその背景

　摂食障害は、さまざまなストレスが要因となっていることも多く、周囲の人の理解やサポートがとても大切です。極端な食行動の背景には、「太りたくない、やせたい」という体重へのこだわりや、「太っている自分は醜い、自分には価値がない」という思いこみなどの心理的背景があります。また、「やせていることが美しい」という誤った社会的価値観や、両親の不仲、子どものころに体重や体型のことをからかわれたという経験・心の傷も症状に悩む引き金になります。

（3）発症年齢の傾向と予後

　拒食症は 10 代で発症する人が多く、過食症は 20 代に多い傾向があり、両タイプとも 90％が女性です。拒食と過食は正反対のように見えますが、拒食から過食へ、過食から拒食へと変わることもあり、悪循環になることもよくあります。

　摂食障害は、長引くと、身体的な重い合併症を起こしやすいだけでなく、アルコールや薬物への依存、抑うつなどの合併症を引き起こしたり、万引、自傷行為や自殺を図るなど衝動的な行動が多くなる場合があります。摂食障害は、このように生命の危険もある深刻な病気であると認識することが必要です。

（4）「身長と体重のバランス」チェック

　やせすぎの場合、拒食症の一症状の可能性があります。身長と体重のバランスを知る計算式を使って徴候を把握することは拒食症への対応に重要です。

　以下の計算式を使って身長と体重のバランスを把握することができます。
・計算式 1：身長（m）×身長（m）×22＝標準体重（kg）
・計算式 2：体重（kg）÷標準体重（kg）×100＝標準体重に対しての体重の割合（％）
　標準体重の 80％以下はやせすぎです。健康なやせの場合、標準体重の 80％以下になることはまずありません。体重が標準体重の 80％以下で、かつ月経がない場合、拒食症と診断されます。
【例：身長 160cm、体重 50kg の場合】
・標準体重は、1.6×1.6×22＝56.32kg
・標準体重に対しての体重の割合は、50÷56.32×100＝<u>88.78％</u>…やせすぎではない

（5）治療法

　摂食障害の治療は、体重に対するこだわりや間違った自己評価などを正常にするための心理

治療が中心となります。また、10代の患者さんの場合は特に両親を始めとする家族との関係が病気に影響していることも多いので、家族カウンセリングも必要になります。

　薬による治療や栄養指導なども必要に応じて行われ、体重減少が極端な場合や家庭環境が治療に適していないような場合は入院治療も行われます。

　治療には、家族だけでなく、学校や友人も含めて本人を支えていくことが大切です。

１１．パーソナリティ障害

（１）パーソナリティ障害とは

　パーソナリティ障害は、人格上の偏りが本人に苦痛をもたらし、あるいは社会生活上の問題を生じる状態をいいます。つまり、認知（ものの捉え方、考え方）、感情、衝動コントロール、対人関係といった広い範囲のパーソナリティ機能の偏りから障害（問題）が生じるのです。したがって、パーソナリティそのものが病的であると解釈したり、いわゆる「性格が悪いこと」を意味するものではないということです。

　パーソナリティ障害は、幼少期の環境など、さまざまな外的要因と生まれ持った気質とがあいまったものと考えられ、通常、青年期に始まります。

（２）３つのタイプとその特徴

　パーソナリティ障害にはいくつかのタイプがあります。アメリカ精神医学会の診断基準では大きく分けて、A群：奇妙で風変わりなタイプ、B群：感情的で移り気なタイプ、C群：不安で内向的なタイプ、の３つに分類されています。

　これらのパーソナリティ障害の共通の特徴としては、発達期からその特徴が認められること、認知、感情、衝動コントロール、対人関係といった広いパーソナリティ機能の領域に障害が及んでいること、その徴候が家庭や職場など広い場面で見受けられるなどが挙げられます。

（３）発症頻度

　アメリカの研究では、人口の15％の人がパーソナリティ障害であると報告されています。しかし、治療につながる例は少ないとされ、医療機関を受診するケースで最も多いのは若い女性に見られる境界性パーソナリティ障害です。自殺未遂や自傷行為で救急医療につながるケースも少なくないようです。

（４）治療法

　パーソナリティ障害の治療には、比較的長期にわたって患者と治療者が協力して努力を続けることが欠かせません。特に、患者が積極的に治療に参加することが大切です。

　治療は、精神療法やカウンセリングが中心で、必要に応じて薬物療法も併用されます。かつては、パーソナリティ障害の治療は難しく、患者は長期間苦しめられるとされていましたが、最近の研究では、パーソナリティ障害の特徴の多くは、年齢とともに徐々に軽快することが明らかにされています。また、治療によって回復が早くなると考えられるようにもなっています。

１２．アルコール依存症

（１）症状と特徴

　アルコール依存症とは、大量の酒を長期にわたって飲み続けることで、酒なしではいられなくなる病気です。その影響が精神面、身体面にも現れ、仕事ができなくなるなど生活面にも支障が出てきます。また、アルコールが抜けると、イライラや神経過敏、不眠、頭痛、吐き気、下痢、手の震え、発汗、頻脈、動悸などの離脱症状が出てくるので、それを抑えるために、また飲んでしまうといったことが起こります。

　アルコール依存症は、「否認の病」ともいわれるように、本人は病気に気づきにくい傾向にあります。一旦飲酒をやめても、その後に少しでも飲むと、また元の状態に戻ってしまうので、強い意志で断酒をする必要があります。したがって、本人が治療に対して積極的に取り組むためには、家族をはじめ、周囲の人のサポートがとても大切です。

（２）アルコール関連問題

　酒は「百薬の長」とも「万病のもと」ともいわれます。多量の飲酒が心身に好ましくない影響を及ぼすことは言うまでもないことですが、最新の知見によると少量の飲酒でも有害であるといわれています。アルコールに関連して生じる病気や病変は非常に多く、ほぼ全身に悪影響を及ぼし、アルコールによって悪化する病気もあります。

　多くは長期の飲みすぎで生じますが、妊娠中の飲酒のために胎児に異常が生じる胎児性アルコール症候群があるので、妊娠時には飲まないことです。また、飲酒は家族関係や職業生活にも深刻な問題を招くことがあります（図表 3-4）。

図表 3-4：不適切な飲酒は多問題を生じる

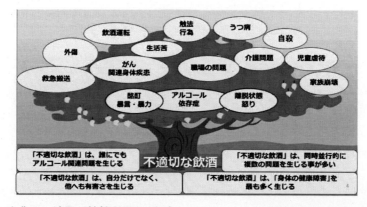

出典元：猪野（精神科医）、今成（アスク・ヒューマン・ケア代表）作成の PP より引用

（３）アルコールの問題をチェックする方法

　「不適切な飲酒」から健康を守るためにスクリーニングする方法がいくつか開発されています。簡単にできる基礎チェック「CAGE（ケージ）質問法（図表 3-5）」を紹介します。

図表 3-5：CAGE（ケージ）質問法

◆過去に次の経験がありましたか？

> □ 飲酒量を減らさなければならないと感じたことがある
> □ 他人があなたの飲酒を非難するので、気にさわったことがある
> □ 自分の飲酒について、悪いとか申し訳ないと感じたことがある
> □ 神経を落ち着かせたり、二日酔いを治すために「迎え酒」をしたことがある

判定：2つ以上当てはまる場合は、「アルコール依存症」の可能性があります。

出典元：四日市アルコールと健康を考えるネットワーク作成「お酒の飲み方チェック」より引用

（4）アルコール関連疾患

　アルコールによる臓器障害は、代表格である肝臓疾患だけでなく、脳・口腔・歯・食道・胃・十二指腸・小腸・大腸・膵臓・心臓・血管・骨など、200種類の関連疾患があるといわれています。一般病院に通院中の患者のうち2割以上が、飲酒が原因で発病または病気を悪化させていたとの調査もあります。

① 生活習慣病：高血圧、高脂血症、肥満、糖尿病、痛風など

② がん：アルコールそのものに発がん性があり、WHO（世界保健機関）は、飲酒が原因となるがんとして、口腔・咽頭・喉頭・食道・肝臓・大腸・乳房の7つの部位を挙げています。

③ 急性アルコール中毒：一度に大量のアルコールを飲むと、体内でアルコール濃度が一気に高まり、急性アルコール中毒になります。脳の機能麻痺が進んで「昏睡」に陥ると、死に至る危険があります。特に、「イッキ飲み」は危険です。

④ 外傷など：酩酊状態になった飲酒者は、足元がふらつき、転倒するなど頭部外傷のリスクが高まります。

（5）飲酒に伴う「リスク」

① 家族関係、家族の心を壊す：飲酒欲求の亢進の結果、酒中心の生活になり、家族と溝が生じます。

② 親の飲酒が子どもにストレスを与え、トマウマを生じる：トラウマは成長後も子どもの生き方に影響を与え続けます。

③ 仕事上の能率の低下・事故、職場を失う恐れが生じる：アルコールによる体調不良で、欠勤、病欠、能率低下、ミス、事故につながります。

④ 飲酒運転・事故を起こしやすい：アルコールの影響で脳の判断力が低下し、違反・事故を起こすことがあります。

⑤ 外傷を繰り返す：酔って、転倒、転落などでケガをしたり、命を落とすこともあります。

⑥ 自暴自棄・自殺願望を強める：長期多量飲酒はうつ病発症・悪化のリスクがあります。

⑦ 胎児障害の恐れが生じる：妊娠中やその可能性があるときは断酒が必要です。

（6）アルコール健康障害に対する国の指針

　2013年に成立した「アルコール健康障害対策基本法」は、アルコール対策の基本理念と、国や地方公共団体等の責務を定めた法律です。不適切な飲酒の影響による心身の健康障害だけでなく、アルコールに関連して生じる、飲酒運転、暴力、虐待、自殺なども含まれ、本人だけでな

く家族も施策の対象となっています。また、毎年 11 月 10 日〜16 日が「アルコール関連問題啓発週間」と定められ、全国でさまざまな啓発活動が行われています。

（7）治療法

アルコール依存症は、進行する病気ですが、適切に治療すれば回復できる病気です。

アルコール依存症の治療は、アルコールによる離脱症状や併存疾患の治療を行う「解毒期」、社会生活に戻るための訓練をする「リハビリテーション期」、現状を維持して再発を防ぐ「アフターケア期」の 3 つのステージがあります。

最近のアルコール依存症の治療では、SBIRTS（エスバーツ：最初の S は飲酒のスクリーニング、BI は短時間介入、RT は専門治療機関への紹介、最後の S は自助グループへの紹介）を用いた早期介入の考え方が普及しています（アスク・ヒューマン・ケア「アディクション用語集」www.a-h-c.jp）。

アルコール依存症治療の原則は、「断酒」をすることです。そのため、断酒継続の「4 原則」が基本となります。すなわち、①定期的な医療機関への通院、②抗酒剤（この薬を飲んでその後に飲酒すると、頭痛、吐き気、動悸などの悪酔いの症状が出る）の服用、③断酒宣言（周囲の人に、お酒をやめていることを宣言して、誘いを断る飲酒拒否の技術）、④断酒会・AA（アルコホーリクス・アノニマス）などの自助グループに参加することです。

13．その他の依存症

人が依存する対象はさまざまですが、代表的なものに、アルコール・薬物・ギャンブル等があります。このような特定の物質や行為・過程に対して、やめたくても、やめられない状態を依存症といいます。アルコール依存症以外に、以下に挙げるような依存症があります。

（1）薬物依存症

薬物依存症とは、覚せい剤、大麻や麻薬、シンナーなどの薬物を繰り返し使いたい、あるいは使っていないと不快になるため使い続ける、やめようと思ってもやめられないという状態です。病気治療に必要な薬でも、そのなかには、誤った使い方を続けるうちに、やめたくてもやめられない状態を作り出すものもあります。

やめたいと思ってもやめられないのは、薬物を使っているうちに、その薬物の作用で脳の一部の働きが変化して、「どうしても薬がほしい」という欲求が抑えきれなくなるためです。これが依存という状態であり、理性ではやめられないのです。

依存症では、「一度だけなら大丈夫」という考えも危険です。何気ない 1 回だけの、「機会的使用」が、やがては、習慣的に使用する「常用」に移行して再発になります。

薬物依存症は、依存は消えませんが、回復はできる病気です。

治療は、薬を使わない生活を続けるという自己コントロールの継続が目標となります。専門の医療機関で適切な指導を受けるとともに、ダルク（薬物依存症回復施設）等の自助グループに参加しながら、薬物を使わない生活と新しい仲間をつくることが大切です。

（2）ギャンブル依存症

　ギャンブル依存症は、ギャンブルにのめり込む、ギャンブルをしないと落ち着かない、ギャンブルのことで嘘をついたり、借金をしたりするといった症状が特徴です。

　リスク因子として、若い人、男性、ストレスへの対処がうまくいかない人、ギャンブルが身近にあるなど環境要因などが指摘されていますが、ギャンブルをする人は誰でもギャンブル依存症になり得ます。

　ギャンブル依存症の人は、負けが続いても最終的には勝てると確信していたり、負けたことはよく覚えていないのに、勝ったときのことはよく覚えていたり、自分は運をコントロールできるというように、ギャンブルに対する考え方が偏っている場合がほとんどです。

　ギャンブル依存症の治療は、このような考え方の偏りを見直したり、金銭感覚を始めとした日常生活を変えたりすることでギャンブルをしたい気持ちを低減させるなどの効果的な対処法を身につける認知行動療法のプログラムが有効です。また、GA（ギャンブラーズ・アノニマス）というギャンブル依存症の人たちの自助グループのミーティングに参加することもギャンブルから回復する手助けになります。

（3）ゲーム障害

　ゲーム障害は、2019年5月、WHO（世界保健機関）により、国際疾病分類の1つに認定され、2022年1月より発効されます。ゲーム障害は、持続的または反復的なゲームプレイのパターンを特徴とし、このパターンが、連続的または一時的かつ再発的であり、12ヶ月にわたって継続する場合、診断を適用するとされています。

　診断要件は、①ゲームに対するコントロール障害（ゲームの開始、頻度、集中度、期間、終了、環境）、②ゲームの優先順位を、他の生活上の利益や日常の活動よりも優先させる、③ゲームプレイにおいて否定的な結果が生じても、ゲームを継続したりエスカレートしたりする、といった内容です。加えて、これらの行動パターンは、個人的、家族的、社会的、教育的、職業的、またはその他の重要な分野において重大な障害をもたらすのに十分な程度の重症のものであるとされています。

　このWHOの認定を受けて、日本ではコンピューターに関係する団体が、社会的要請への対応として、効果的な対策の検討を模索し始めています。

１４．発達障害

（1）発達障害とは

　発達障害は、生まれつき脳の一部の機能に障害がある疾患です。いくつかのタイプに分類されており、自閉症、アスペルガー症候群、注意欠陥・多動性障害（ADHD）、学習障害、チック障害、吃音症などが含まれます。同じ人にいくつかのタイプの発達障害があることも珍しくなく、同じ障害でも個人差がとても大きいという点も特徴といわれています。

（2）「自閉症スペクトラム障害」という捉え方

　発達障害はこれまで、自閉症、広汎性発達障害、アスペルガー症候群などの名称で呼ばれていましたが、2013年のアメリカ精神医学会の診断基準 DSM－5 の発表以降、自閉症スペクトラ

ム障害としてまとめて表現するようになりました。自閉症スペクトラム障害は多くの遺伝的な要因が複雑に関与して起こる生まれつきの脳機能障害で、人口の 1%に及んでいるともいわれています。

　自閉症スペクトラム障害の人々の状態像は非常に多様であり、治療の基本的な考え方は共通していますが、一人ひとりの特性を理解したサポートの重要性が着目されるようになってきています。

（３）アスペルガー症候群

　アスペルガー症候群は、社会性・コミュニケーション・想像力・共感性・イメージすることの障害、こだわりの強さ、感覚の過敏などを特徴とする、自閉症スペクトラム障害のうち、知能や言語の遅れがないものをいいます。知能や言語の遅れがないために学業成績は良く、学校生活では気づかない場合も多く、就職して始めて社会性やコミュニケーションの障害がクローズアップされるという例も少なくありません。

　周囲からは「変わり者」と思われていても自分自身では無自覚のため敬遠される理由がわからないままストレスを抱え、うつ状態、強迫性障害につながってしまう場合もあります。そうした本人の苦しみを理解してサポートしてくれる人の存在が大切です。正しい知識と支援を得ることで、症状や行動の改善が期待できます。

　アスペルガー症候群の人に見られる特徴として次の３点が挙げられます。

① 周囲の人間との交流が難しい：他者とのコミュニケーションにおいては、相手の立場に立って気持ちを理解したり、場の空気を読んだりすることが苦手であるために、周囲から敬遠されがちになってしまいます。

② ある特定の物事に強い興味やこだわりを持つ：興味が限定されやすい傾向もあります。一度興味を持ったものに対しては、時間を忘れてとことんのめり込む一方で、興味がないことに対してはなかなか実行できません。

③ 日常生活がパターン化しやすい：自分の行動や習慣に関しては自分の決めたルールにこだわりやすく、毎日の行動がパターン化しやすいだけでなく、いつもと違うパターン、たとえば、風呂と夕食の順序が逆になるといったことを非常に嫌がる傾向があります。また予期せぬ事が起こったときにパニックになりやすい傾向もあります。

１５．統合失調症

（１）統合失調症とは

　統合失調症は、思考や行動、感情を一つの目的に沿ってまとめていく能力が長期にわたって低下し、その経過中に幻覚や妄想という特徴的な症状が見られる精神疾患です。そのため気分や行動、人間関係などにも影響が出て、日常生活や社会生活に支障が出てきます。

　統合失調症には、健康なときにはなかった状態が現われる陽性症状と、健康なときにあったものが失われる陰性症状があります。陽性症状の典型は、幻覚と妄想です。陰性症状には、意欲の低下、感情表現が乏しくなるなどがあります。

　統合失調症は、多くの精神疾患と同様に慢性の経過をたどりやすく、再発しやすい病気でもあるため、長期的に病気を管理していくことが大切です。

統合失調症の生涯有病率は1%で、100人に1人がかかると推計されますので、決して稀な病気ではありません。

（2）幻覚と妄想

幻覚、妄想は統合失調症の特徴的な陽性症状です。幻覚とは、実際にはないものをあるように感じる知覚の異常で、中でも周囲の人には聞こえない声が聞こえてくるという幻聴が多く見られます。自分の悪口や噂などが聞こえてくる幻聴は、しばしば見られる症状です。

妄想とは、明らかに誤った内容を信じてしまい、周囲が訂正しようとしても受け入れられない考えのことです。現実にはない体験をしているように感じることで、嫌がらせをされているといった被害妄想、テレビやネットが自分の情報を流していると思いこんだりする関係妄想などがあります。

（3）原因・発症の要因

統合失調症の原因は、今のところ明らかではありません。双生児や養子についての研究などさまざまな研究結果を総合すると、統合失調症の原因には素因と環境の両方が関係しているというところまでは分かってきています。

また、進学・就職・独立・結婚などの人生の進路における変化が発症のきっかけになることが多いようですが、原因ではないと考えられています。

（4）周囲の人にもわかる統合失調症のサイン

統合失調症に多い幻覚や妄想などの症状は、周囲の人が病的な症状だとはなかなか気づきにくいものです。以下のようなサインがあれば、早期発見の第一歩になりますので早めに専門家に相談するなど対処が必要です。

① 幻覚や妄想のサイン
　・いつも不安そうで緊張している
　・悪口を言われた、いじめを受けたと訴えるが、現実には何も起きていない
　・監視や盗聴されていると言うので調べたが、何も見つけられない
　・ぶつぶつと独り言を言っている
　・ニヤニヤ笑うことが多い
　・命令する声が聞こえると言う
② 会話や行動の障害：話にまとまりがなく、何が言いたいのかわからない、相手の話の内容がつかめない、作業のミスが多い
③ 意欲の障害：趣味や楽しみにしていたことに興味を示さなくなった、人づきあいを避けて引きこもるようになった、何もせずゴロゴロしている、身なりをかまわない、入浴しない、など
④ 感情の障害：感情表現が乏しくなった、人の感情や表情についても関心が向かない

（5）治療法

統合失調症の治療は、薬物療法と、心理社会的な治療を組み合わせて行います。薬物療法は向精神薬、抗不安薬、睡眠薬、抗うつ薬、気分安定薬などを症状に合わせて使います。

心理社会的な治療とは、病気の自己管理の方法を身につけることや、社会生活機能のレベル低下を防ぐ訓練などを行うもので、精神療法やリハビリテーションが含まれます。病状や生活

の状態に合わせてさまざまな方法が用いられます。

第 4 章

組織で取り組む
メンタルヘルス対策

01 メンタルヘルス対策の実際

1．我が国のメンタルヘルス対策の発展過程

　国の産業保健領域におけるメンタルヘルス活動は、「THP（心とからだの健康づくり）」「快適職場づくり」「メンタルヘルス指針」という発展過程をたどってきています。

（1）THP（心とからだの健康づくり）(1988 年)
　THP（Total Health Promotion Plan）とは、心とからだの両面からトータルな健康づくりを行うという考え方です。健康測定やその結果に基づいた運動指導、栄養指導、保健指導、心理相談などを行って病気の一次予防（発生予防）を目指すものです。国の施策においては、メンタルヘルス対策の重要な出発点となり、今日の職場におけるメンタルヘルス活動の推進につながっています。

（2）快適職場づくり（1992 年）
　個人を対象とした THP に対して、快適職場づくりは、組織を対象にしたものです。職場の「快適性」には二種類の意味があります。職場の温度・湿度、騒音、照明等の物理環境的快適性と労働時間や人間関係などを中心とした心理的快適性です。
　職場の快適性が高いと、職場のモラルの向上、労働災害の防止、健康障害の防止が期待できるだけでなく、職場の活性化に対しても良い影響を及ぼします。

（3）メンタルヘルス指針（2000 年策定、2006 年改正）
　メンタルヘルス指針とは、労働者の健康の問題が増加し、企業においての対応が重要になっていることを踏まえて、厚生労働省が 2000 年に制定した「事業場における労働者の心の健康の保持増進のための指針（以下、「メンタルヘルス指針」と称します）」です。
　2006 年度より、改正労働安全衛生法が施行され、法律に基づく指針になったことなど事業場の実態に即して、適切かつ有効に実施されるような内容になっています。
　この指針が定められて以降、多くの事業場においてメンタルヘルス対策への関心が高まり、多くの企業で取り組みが実施されています。

２．メンタルヘルス指針の概要

　厚生労働省は、「第13次労働災害防止計画（2018年4月から2023年3月までの5年間）」において、8つの重点施策を定め、施策ごとに目標を設定して取り組みを進めています。

　その一つに、2000年に制定（2006年、2015年に一部改正）された「メンタルヘルス指針（事業場における労働者の心の健康の保持増進のための指針)」の推進が求められています。

（1）メンタルヘルス指針の趣旨
　この指針では、事業場において事業者が講ずる労働者の心の健康の保持増進のための措置（以下、「メンタルヘルスケア」と称します）が適切かつ有効に実施されるよう、メンタルヘルスケアの原則的な実施方法について定めています。ここでいう心の健康問題とは、ストレスや強い悩み、不安など、労働者の心身の健康、社会生活や生活の質に影響を与える可能性のある精神的・行動上の問題を含みます。

（2）メンタルヘルスケアの基本的な考え方
　企業（事業者）は、メンタルヘルスケアを積極的に推進するため、衛生委員会においての十分な調査と審議、「心の健康づくり計画」やストレスチェック制度の実施方法等に関する規定を策定する必要があります。

　その実施にあたってはストレスチェック制度の活用や職場改善等の改善を通じて、「3つの予防（後述）」を円滑に行う必要があります。これらの取り組みにおいては教育研修・情報提供を行い、「4つのケア（後述）」を効果的に推進し、職場環境の改善、メンタルヘルス不調者への対応、休業者の職場復帰のための支援等が円滑に行われるようにする必要があります。

（3）メンタルヘルスケア推進にあたっての留意事項
① 心の健康問題の特性：本人からの情報取得の難しさ、個人差の大きさ、また、健康問題以外の観点から評価が行われる傾向が強い問題等を考慮しておく必要があります。
② 労働者の個人情報の保護への配慮：健康情報を含む個人情報の保護および労働者の意思の尊重に留意することは極めて重要です。事業者は、個人情報の保護に関する法律および関連する指針等を遵守し、労働者の健康情報の適切な取扱いを図ることが重要です。
③ 心の健康に関する情報を理由とした不利益な取り扱いの防止：労働者の心の健康に関する情報は、労働者の健康確保の範囲を超えて不利益な取り扱いを行ってはならず、労働者の心の健康に関する情報を理由とした解雇、退職勧奨、配置転換などは一般的に合理的といえるかどうか、その判断には慎重さが求められます。
④ 人事労務管理との関係：職場配置、人事異動、組織等の人事労務管理との関係が密接であり、連携が重要です。
⑤ 家庭・個人生活等の職場以外の問題：ストレス要因は、職場のみならず、家庭・個人生活

等の影響を受けている場合もあります。また、これらは複雑に関係し、相互に影響し合う場合があります。

（４）心の健康づくり計画

　企業は、指針に基づき、衛生委員会等において十分調査と審議を行った上、企業の実情に応じた「心の健康づくり計画」を策定することが求められています。

　具体的には、活動方針（位置づけ・目標）および活動内容（ストレスチェック、面接指導、相談体制、教育・研修）を盛り込んだ内容となります。

３．メンタルヘルスケアにおける３つの予防

　一般的に「予防医学」は、一次予防・二次予防・三次予防に分かれています（図表 4-1）。

　一次予防は、「病気を発生させないこと」を、二次予防は「病気の早期発見・早期治療」を、三次予防は、「すでに起きた病気の回復・機能維持・再発防止」を意味します。メンタルヘルスケアにおいてもこの考え方をもとにメンタルヘルスケアを推進しています。

（１）未然防止および健康増進（一次予防）

　ストレスによってメンタルヘルス不調をきたす前の予防する段階です。ストレスマネジメント研修やストレスチェック制度の導入などにより、労働者一人ひとりがメンタルヘルスに対する意識を高め、メンタル不調が起こらない職場をつくる取り組みです。

（２）早期発見と対処（二次予防）

　メンタルヘルス不調の早期発見、適切な措置を行う段階です。具体的には、メンタルヘルス不調者本人・上司・同僚への気づきの支援や、ストレスチェック、相談窓口の設置などの体制整備を行います。自身のストレスに気づかず重症化する場合もあるため、職場の上司や同僚が「いつもと違う様子」に気づき、産業保健スタッフなどに相談するよう促すことが必要です。

（３）治療と職場復帰・再発予防（三次予防）

　すでにメンタル不調によって休業している人の治療と職場復帰・再発予防段階での取り組みです。休職による不安や焦りを緩和させるための精神面でのフォローや、復帰する際のリハビリ出勤の支援、復帰後の仕事面のケアなどを行って再発しないように支援します。

図表 4-1：メンタルヘルスケアの３つの予防

分類	対策	方法
一次予防	メンタルヘルス不調を未然に防止する	ストレスチェック制度の活用 職場環境改善
二次予防	メンタルヘルス不調を早期に発見し、適切な措置を行う	労働者の自発的相談とセルフチェック、管理監督者・事業内産業保健スタッフによる相談対応、家族による気づき
三次予防	メンタルヘルス不調となった労働者の職場復帰支援等を行う	心の健康問題で休業した労働者の職場復帰支援の手引

出典元：「メンタルヘルス・マネジメント検定試験公式テキスト」大阪商工会議所編、中央経済社、P.78「メンタルヘルスケアの活動目的と活動対象」を参考に作成

4．メンタルヘルスケアを推進する４つのケア

（1）4つのケアの概要

メンタルヘルスケアは、「セルフケア」「ラインケア」「事業場内産業保健スタッフによるケア」および「事業場外資源によるケア」の４つのケア（図表 4-2）が継続的かつ計画的に行われることが重要です。

①セルフケア（労働者による）

セルフケアは、労働者が自分自身で行うケアで、自らのストレスに気づき、予防、対処をします。働く人全員がそれぞれ個人で取り組む「セルフケア」がメンタルヘルス対策の第一歩になります。労働者自身が心の健康について正しい知識を持つことが大切なので、事業者は労働者に対してセルフケアの研修や情報提供などを行います。また、年一回実施することが義務付けられているストレスチェックによる判定で自分の心身の状況を把握することも有効です。

②ラインケア（管理監督者による）

直属の上司など日常的に労働者に接する職場の管理監督者が行うケアのことです。管理監督者は職場環境の把握と改善、部下の相談対応、メンタル不調者の職場復帰支援などを担います。具体的には、早退、遅刻、無断欠勤、不自然な言動、ミスや事故など部下の異変に気づき、早期に対応します。また、事業者には、ラインによるケアに必要な教育研修や情報提供を行うことが求められます。

③事業場内産業保健スタッフによるケア（産業医、衛生管理者等による）

企業内の産業医や保健師、心理士、衛生管理者などの産業保健スタッフが行うケアです。50人以上の労働者がいる職場には産業医の選任義務があります。そのような医学的知識を持つ産業保健スタッフと人事労務管理スタッフが連携して効果的なセルフケアとラインケアが実施できるよう、具体的なメンタルヘルスケア対策の企画立案などを行います。

しかし、産業医や保健師・看護師などは医療・福祉の専門家ですが、メンタルヘルスに精通

しているとは限りません。外部のメンタルヘルスの専門家の指導・連携が重要となります。

④事業場外資源によるケア（事業場外の専門機関、専門家による）

　事業場外資源によるケアとは、企業の外部の専門的な機関（公的、民間）や専門家とのネットワークを形成し、活用することです。企業内での相談を望まない労働者のケアや、企業が抱えるメンタルヘルスの課題を解決したい場合に有効であり、安全かつ効果的なメンタルヘルスケア施策を実施することが可能になります。ただし、外部機関の活用にあたっては、外部に依存し過ぎないようにし、企業の主体性を失わないように留意する必要があります。

図表 4-2：「４つのケア」の分類と内容

４つのケア	担当者	活動内容
セルフケア	すべての「働く人」自身	労働者本人がストレスに対して理解を深め、個人的に対処すること：ストレスチェック受検、ストレス関連の研修受講など
ラインケア	企業の管理監督者	職場の管理監督者が従業員に対して行うケア：勤怠状況や職場環境の把握、相談対応、職場復帰支援、職場環境改善計画の立案・評価など
事業場内産業保健スタッフによるケア	産業医・産業保健師など	産業医や産業保健師等のスタッフが企業に対して行うケア：労働者・管理監督者も含めた企業全体に対する支援、メンタルヘルス対策の企画立案、医学的知見による指導や意見など
事業場外資源によるケア	外部の相談機関、専門家など	外部の専門機関や専門家を活用したケア：心の耳相談センター、産業保健総合支援センターをはじめ専門家や専門機関、EAP（従業員援助プログラム）を扱う企業など外部機関からの支援を受けること

出典元：産業保健サポート　サンポナビ https://sangyoui-navi.jp/blog/249 より引用　一部改変

（２）４つのケアの具体的な進め方

　職場のメンタルヘルスケアを推進していくためには、事業場内の関係者が相互に連携し、「４つのケア」を適切に実施していく取り組みが効果的です。

①メンタルヘルスケアを推進するための教育研修・情報提供

　労働者、管理監督者、事業場内産業保健スタッフ等に対し、それぞれの職務に応じた教育研修・情報提供を行います。

②職場環境の改善

　労働者の心の健康にはさまざまな要因が影響を与えます。日常の職場管理や労働者からの意見聴取、ストレスチェックなどを活用して職場環境を評価し、問題点を把握するとともに、改善を図ります（図表 4-3）。

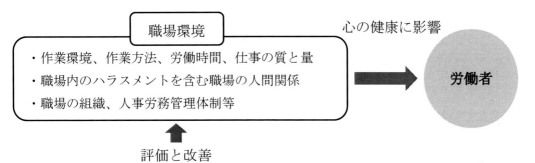

図表 4-3：メンタルヘルスケア推進のための職場環境の改善

職場環境

・作業環境、作業方法、労働時間、仕事の質と量
・職場内のハラスメントを含む職場の人間関係
・職場の組織、人事労務管理体制等

心の健康に影響

労働者

評価と改善

出典元：厚生労働省「ストレスチェック制度導入ガイド」より引用　一部改変

③メンタルヘルス不調への気づきと対応

　メンタルヘルスケアにおいては、予防策が重要です。次の3項目に関する体制を整備し、早期発見と適切な対応でメンタルヘルス不調を深刻化させないことが大切です。その際には労働者の個人情報の保護に留意した対応が求められます。

　・労働者による自発的な相談とセルフチェック
　・管理監督者、事業場内産業保健スタッフ等による相談対応
　・労働者の家族による気づきや支援等

④職場復帰における支援

　メンタルヘルス不調により休業した労働者が円滑に職場復帰し、就業を継続できるようにするための支援を実施します。支援の内容については、職場復帰支援の項（P.68）で説明します。

5．ストレスチェック制度

（1）ストレスチェック制度とは

　ストレスチェック制度は、従業員のストレスチェック（心理的負担の程度を把握するための検査）と、医師によるストレスチェックの結果に基づいた面接指導の実施等を事業者に義務づける制度（ただし、労働者50人以上の事業所は必須、労働者50人未満は努力義務）（図表4-4）です。2015年に公布された「労働安全衛生法の一部を改正する法律」において新たに創設され、毎年一度定期的にストレスチェックを行うことが義務化されています。

（2）目的と意義
①ストレスチェック制度の目的

　ストレスチェック制度の目的は、労働者にストレスへの気づきを促すとともに、ストレスの原因となる職場改善につなげることにより、労働者のメンタルヘルス不調の未然防止を図る

ことです。つまり、4つのメンタルヘルスケアのうちの「セルフケア」の活動内容です。

②労働者にとっての意義

 ⓘ ストレスチェックを受けることで、自らのストレスの状態や原因を知る

 ⓘⓘ ストレスチェックの実施者から必要なアドバイスを受け、セルフケア（ストレスへの対処）のきっかけにする

 ⓘⓘⓘ 高ストレスの場合、仕事上のストレスの要因を軽減するために、面接指導を受けることなどで、就業上の措置につながる

 ⓘⓥ ストレスチェック結果が職場ごとに分析されることで、職場改善にも結びつく

③事業者にとっての意義

 ⓘ すべての労働者がストレスチェックを受ける環境づくり、面接指導の環境づくり、就業上の措置の実施などで、労働者がメンタル不調になることを未然に防止できる

 ⓘⓘ 職場内の人間関係など、職場の問題点の把握が可能になり、職場改善の工夫、具体的な検討がしやすくなる

 ⓘⓘⓘ 労働者のストレスが軽減され、職場の改善が進むことで、労働生産性の向上など、経営面でのプラス効果も期待される

（3）進める上での3つのポイント

①ストレスチェックの実施

・1年ごとに最低1回はストレスチェックを行うことが事業者の義務（ただし、労働者が50人未満の場合は努力義務）とされています。

・ストレスチェックの実施者は、事業者に指定された医師、保健師または厚生労働大臣が定める研修を修了した看護師もしくは精神保健福祉士となります。

・ストレスチェックの調査票は、事業者が選択可能ですが、国では「職業性ストレス簡易調査票（57項目）」の利用を推奨しています。法に基づくストレスチェック調査票には、仕事のストレス要因、心身のストレス反応、周囲のサポートの3領域を含むことが必要です。

・実施者は、ストレスチェックの結果を本人に通知しますが、本人の同意なしに事業者へ提供することは禁止されています。

②面接・指導・措置

 高ストレス者として面接指導が必要と評価された従業員から申し出があった場合は、医師による面接指導を行うことが事業者の義務になっています。その結果、医師からの意見を勘案した上で、事業者は必要に応じて従業員に対して就労上の措置を講じる必要があります。

 また、労働者に対して、ストレスチェックを受けないことや、面接指導の申し出、面接指導の結果などを理由とした不利益な取り扱いを行うことは禁止されています。事業者は十分注意する必要があります。

③集団分析、職場環境の改善

　ストレスチェックの実施者は、個人のストレスチェックの結果ごとに集計・分析し、職場ごとのストレス状況を把握した上で、その結果を事業者に通知します。事業者は集団ごとの集計・分析結果を踏まえて職場環境改善のための取り組みを行います。

図表 4-4：ストレスチェック制度の流れ

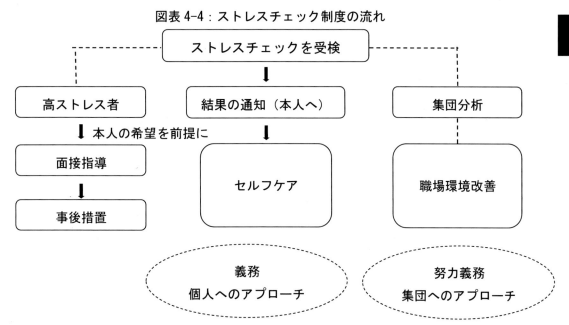

出典元：独立行政法人　労働者健康福祉機構　労働衛生のハンドブックより引用一部改変

02 職場復帰支援の基本的な考え方と支援の流れ

１．職場復帰支援の重要性

（１）重要とされる背景

　厚生労働省の調査によると、厳しい経済情勢の中、職業生活等において強い不安、ストレス等を感じる労働者は約6割に上っており、また、メンタルヘルス上の理由により連続1ヶ月以上休業し、または退職した労働者がいる事業場は7.6%になっています。こうした状況の中で、心の健康問題によって休業する労働者への対応は、多くの事業場にとって大きな課題となっています。

（２）国の対策

　厚生労働省は職場復帰を促進するため、事業場向けマニュアルとして、2004年10月、「心の健康問題により休業した労働者の職場復帰支援の手引き（以下「手引き」と称します）」を作成し、周知してきました。その後、新たな経験や知見を踏まえた検討の結果、2009年3月「手引き」の改訂が行われました。

　職場復帰は事業者や労働者とその家族にとって極めて重要な課題です。そのため、事業者には労働者の心の健康問題の予防から職場復帰に至るまで、適切な対策を講じることが求められます。

２．職場復帰支援の基本的な考え方

　厚生労働省は「手引き」の中で、心の健康問題で休業している労働者が円滑に職場復帰するためには、職場復帰プログラムの策定や関連規定の整備等により、休業から復職までの流れを予め明確にしておくことが必要であるとの基本的な考え方を示しています。

　その上で、実際の職場復帰にあたり、事業者が行う職場復帰支援の内容を総合的に示し、衛生委員会等において調査審議して、職場復帰支援に関する体制を整備、ルール化し、教育の実施等により労働者への周知を図るよう促しています。

３．職場復帰支援の流れ

　職場復帰支援プログラムは、図表4-5のように、5つのステップから構成されています。

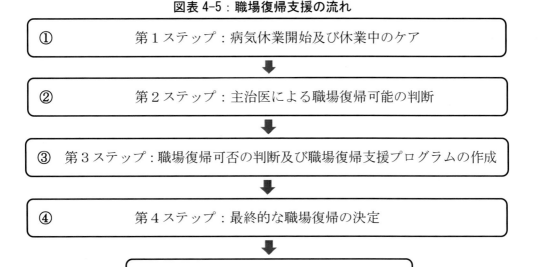

図表 4-5：職場復帰支援の流れ

①	第1ステップ：病気休業開始及び休業中のケア
②	第2ステップ：主治医による職場復帰可能の判断
③	第3ステップ：職場復帰可否の判断及び職場復帰支援プログラムの作成
④	第4ステップ：最終的な職場復帰の決定

職 場 復 帰

| ⑤ | 第5ステップ：職場復帰後のフォローアップ |

出典元：厚生労働省「心の健康問題により休業した労働者の職場復帰支援の手引き」より引用

（1）第1ステップ：病気休業開始及び休業中のケア

病気休業診断書が提出され、労働者の休業が始まります。労働者が病気休業期間中に安心して療養に専念できるよう、次のような項目について情報提供等の支援を行います。

・傷病手当金等の経済的な保障
・不安、悩みの相談先の紹介
・公的または民間の職場復帰支援サービスなど
・休業の最長（保障）期間等

（2）第2ステップ：主治医による職場復帰可能の判断

休業中の労働者から事業者に対し、職場復帰の意思が伝えられると、事業者は労働者に対して主治医による職場復帰可能という判断が記された診断書の提出を求めます。

診断書には就業上の配慮として、①短縮勤務、②軽作業、③時間外労働の制限、④交代制勤務の扱い、⑤当直、⑥出張、⑦業務内容、⑧配置転換、などが挙げられます。主治医の復職可能の判断は、復職への第一歩になります。

（3）第3ステップ：職場復帰可否の判断及び職場復帰支援プログラムの作成

安全でスムーズな職場復帰を支援するため、最終的な決定の前段階として、必要な情報の収

集と評価を行った上で職場復帰ができるかを適切に判断し、職場復帰を支援するための具体的プランを作成します。この具体的プラン作成には、事業場内産業保健スタッフ等を中心に、管理監督者、休業中の労働者の間で連携しながら進めます。

　したがって、受け入れる職場の意見、労働者本人の意向も反映したプラン作成が望ましいと言えます。

（4）第4ステップ：最終的な職場復帰の決定

　第3ステップを踏まえて、事業者による最終的な職場復帰の決定を行います。このステップは、会社が職場復帰支援プログラムの確定を含めて復職のゴーサインを出すかどうかの、最終決定をする段階です。「手引き」では、職場復帰についての事業場の対応や就業上の配慮の内容等が労働者を通じて主治医に適確に伝わることが望ましいとされています。

（5）第5ステップ：職場復帰後のフォローアップ

　休業していた労働者が職場復帰した後のフォローアップは、もっとも重要なプロセスです。復職後の早期に再発・再燃する人は少なくありません。1年間継続して就業できることを目標値にした復職の成功率は7割程度といわれています。この成功率を上げるためには、フォローアップとケアが重要です。

　職場復帰後は、管理監督者による観察と支援のほか、事業場内産業保健スタッフ等によるフォローアップを実施し、適宜、職場復帰支援プランの評価や見直しを行います。

4．プライバシーの保護

　労働者の健康情報等は個人情報の中でも特に機微な情報であり、労働者の健康情報等は厳格に保護されなければなりません。とりわけメンタルヘルスに関する健康情報等は慎重な取り扱いが必要です。個人情報を取り扱うに際しての留意点については、以下の項目が挙げられます。

① 情報の収集と労働者の同意等：内容は必要最小限とし、本人の同意を得て、本人を通して行います。これを第三者へ提供する場合も、原則、本人の同意が必要です。

② 情報の集約・整理：取り扱う者とその者の権限を明確にします。情報は特定の部署で一元的に管理し、業務上必要と判断される限りで必要とする者に提供する体制が必要です。

③ 情報の漏えい等の防止：漏えい等の防止措置を厳重に講ずる必要があります。また、情報を取り扱う者に対して、必要な教育および研修を行います。

④ 情報の取り扱いルールの策定：衛生委員会等の審議を踏まえて一定のルールを策定し、関係者に周知することが必要です。

03 ストレスマネジメントの意義と重要性

1. ストレスマネジメントの基本的理解

（1）ストレスマネジメントとは

　ストレスは、日常的にどんな人でも受けるものです。中にはさまざまな症状の出現や状態の変化など、体や心に悪影響を及ぼしている場合もあります。このようなストレスに対して、どのように付き合っていくかを考えたり、適切に対処していくための方法をストレスマネジメントと呼びます。

　その基本は、①ストレス要因とストレス反応への気付きの促進、②ストレス要因への対策、③ストレス反応への対応です。ストレスマネジメントでは、ストレスがかかったときの対処法（コーピング）やストレスに対する認知の修正を促す指導などを行います。

　職場においては、労働者が自分の課題として個人で行うべきことと、管理監督者が職場や組織の課題として行うべきこと、そして産業保健スタッフが行うべきことがあります。

　本章では、個人が行う「セルフケア」と管理監督者が行う「ラインケア」を中心に述べていきます。

（2）組織で取り組む理由

　厚生労働省による最近の調査では、全体の労働者の 6 割が仕事で強いストレスを抱えているという結果が出ています。そうした中で、ストレスが原因で心身の不調を訴える労働者が増えているという背景があり、長期休業や退職を余儀なくされるという深刻な社会問題となっています。

　ストレスは、うつ病などの心の病だけでなく、脳梗塞や心筋梗塞など命に係る深刻な身体の病気を引き起こす元であり、最悪の場合、過労自殺の引き金になるケースもあります。したがって、組織にとってのリスクを回避するためにもストレスマネジメントに取り組むことは重要課題といえます。

（3）実施上のポイント

①心身両面の健康の対策

　ストレス要因は、心の健康だけでなく、体の健康にも重大な影響を及ぼすものです。したがって、ストレスマネジメントは、心身両面の健康を保持増進し、病気予防をする上で有効な方法であり、再発予防にも役立ちます。

4

組織で取り組むメンタルヘルス対策

②個人と組織の両輪で

ストレスマネジメントに取り組む場合、職場環境に起因したストレスも多いことから、個人を対象に行うだけでは不十分です。ストレスマネジメントは、個人を対象とした取り組みと職場を対象とした取り組みの両方を、足並みをそろえて進めていくことが重要です。

③「4つのケア」を推進する

ストレスマネジメントは、「メンタルヘルス指針」に示されている4つのケアに沿って、お互いの連携を考慮しながら行っていくことがより効果的なものと考えられます。

④「気づき」から始まる

ストレスマネジメントは、まずストレス要因についての知識を持つこと、自分のストレス状態を客観的に見る目を養うことが大切です。それによってストレスに気づき、自覚することがストレスマネジメントのスタートになります。

⑤PDCA（計画―実行―評価―改善）のサイクルで実践する

PDCAとは、Plan（計画）―Do（実行）―Check（評価）―Action（改善）という一連のプロセスを繰り返し行うことで、継続的な業務の改善を図るための手法です。ストレスマネジメント導入の目的と、効果をめざす期間を事前に決めて、実行、評価を行い、バージョンアップしながらプログラムを実行していくことが重要です。

2．セルフケア

自分の状態をよく観察し、ストレスを予防・解消する、つまり労働者自らがストレスマネジメントを実施することを「セルフケア」と呼びます。そのためには、ストレスに対処する知識や方法を身につけて、日頃から積極的に実践することが基本となります。

（1）ストレスへの気づき

①ストレスに「気づく」

自分の心身の状態を適切に把握することが大切で、客観的に見る意識が必要です。ポイントは、「いつもと違う自分」に気づくこと（第2章02.2（P.28）ストレス反応の3つの側面参照）です。

②ストレスのセルフチェックリスト

ストレスを溜めていないかをチェックしてみましょう。年1回職場のストレスチェックを受けるとともに、厚生労働省が運営する働く人のメンタルヘルス・ポータルサイト「こころの耳」のストレス簡易調査票に基づいたストレスチェックを受けることもできます。

（2）ストレスへの対処

①ストレスコーピングの分類とテクニック

ストレスに対処する行動をストレスコーピングといいます。ストレスコーピングの分類と

テクニックについては、第 2 章 03.2（P.31）を参照してください。

②ストレス対処の「3 つの R」

　ストレスは気づかない間にも蓄積していきます。日頃から図表 4-6 に示した「3 つの R」を取り入れ、早めに対処することが必要です。

図表 4-6：ストレス対処の「3 つの R」

レスト (Rest)	レクリエーション (Recreation)	リラックス (Relax)
・休息、休養、睡眠が大事 ・オンとオフを切り替え、休息をしっかり取る ・仕事中でも席を立って歩く、コーヒーを飲むなど ・意識して適度に短い休憩を取り疲労を蓄積させない	・運動や旅行、ガーデニングのような趣味・娯楽や気晴らしなどでストレスを発散させる	・ストレッチ、瞑想や音楽、アロマテラピーなどのリラクゼーションの方法を取り入れる ・家族や親しい友人との団らんなど、緊張を解きほぐす時間を持つ

出典元：公益社団法人 日本看護協会「看護職の労働安全衛生―メンタルヘルスケア」サイトより引用　改変

③健康的な生活習慣―「ブレスローの 7 つの健康習慣」

　米国・カリフォルニア大学のブレスロー教授が生活習慣と健康度との関係を調査した結果に基づいて、「ブレスローの 7 つの健康習慣」を提唱しました。健康的な生活習慣はセルフケアの基本となります。

【ブレスローの 7 つの健康習慣】

　ⅰ 7〜8 時間の睡眠を取る、ⅱ 朝食をかならず食べる、ⅲ 間食はあまり食べない、ⅳ 標準体重を保つ、ⅴ 適度に運動を行う、ⅵ タバコは吸わない、ⅶ 適正飲酒を心がける

④他者への相談

　まずは一人で抱え込まずに、身近な家族や友人、同僚に不安やストレスに感じていることを話してみることも大切です。体調がいつもと異なる、気分が落ち込むなどのストレス反応に気づいたら、上司や産業医などに相談するなどの対策を取りましょう。仕事や職場のことで相談しにくい時は、プライバシーを守ってくれる相談窓口や公的機関など外部の専門家に相談し、アドバイスを受けることができます。

3．ラインケア

（1）ラインの役割
①職場環境管理と労務管理

　ラインによるケアは、事業場の重要なメンタルヘルス対策の一つです。ラインの管理監督者が職場環境や職務から健康障害を生じないように、部下の適切な労務管理を行い、必要に応じ

てメンタルヘルスケアを行うものです。つまり、心の健康障害の予防に関する役割です。

　また、部下の心の健康に問題が発生したときは、健康管理を担当する部署と連携し、速やかにケアをする必要があります。ラインケアに求められる内容は、職場環境を把握し、必要な調整を行うことと、部下の状態を把握して適切な助言・指導を行うことです。

　職場環境を改善するための労務管理の点検には、以下のような項目が挙げられます。

・社員の従事する業務の量は適正か

・長時間労働が常態化していないかどうか

・遅刻や欠勤が集中している部署がないかどうか　など

②人間関係の調整

　職場内のコミュニケーションの改善、公平性、他部署との調整、ハラスメントの防止など

③過重労働対策

　過重労働によるストレスは、疲労の蓄積だけでなく、脳疾患や心臓疾患の発症と関連性が強いという医学的知見が得られています。働くことによって労働者が健康を損なうようなことはあってはならないことです。管理監督者は、時間外労働を健康障害が生じない程度に減らすために業務量の調整、人員配置を検討するなどはもちろん、常に納期に追われるような加重の度合いが高い労働の見直しなどを行います。

④部下の状態を把握し、適切な助言・指導を行う

　部下の普段の状態を把握し、その「通常の状態」との比較において、変化を察知し、適切な助言・指導を行います。いつもと違うところがないか、を観察することが大事です。

⑤コミュニケーション力を高める―傾聴の姿勢が重要

　管理監督者が適切にコミュニケーションできないと、互いのストレスとなってしまい、部下のメンタル不調を悪化させることにもなりかねません。

　ラインケアでは、部下が健康不安や悩みなどを相談しやすい関係をつくることが大切です。聞き上手になって部下に向き合い、その心情に共感し受け止める傾聴の姿勢が重要となります。

　傾聴でもっとも重要なことは、どのような思いをもって向き合うかということです。

　上手に部下の話を聴くコツは、今までの頑張りに対してポジティブな要素を示すことや、比較的受け止められやすい「疲れ」や「ストレス」といった言葉を選ぶ、また、「心配している」と伝えることは、最も大事なことです。

（２）メンタルヘルス不調を早期に発見するためのポイント

心の病の早期発見のためのポイントは、「変化」を把握することです。変化を把握するためには、普段から部下の様子をきちんと見ていなければなりません。どのような変化に気をつけたらいいか、図表4-7にポイントを示します。

① 勤怠状況での把握：メンタル不調を早期発見する上で、最も大切で、確実な指標は勤怠状況です。

② 事故、集中力や仕事の能率の低下：事故は多様な要因によって生じるものですが、注意力

や集中力、持続力が低下する心の病の危険信号ともいえます。事故は本人のみならず、周囲にも重大な被害をもたらす危険があります。事故の背景にあるメンタル問題を早期に発見することはとても重要なことです。集中力や仕事の能率の低下の背景には、メンタル不調・心の病が隠されていることに留意する必要があります。

③ 症状：どのような病気であっても、最初は自分で気がつくか、周囲の人が気づくかです。専門家のように診断することは必要なく、「以前と比べて変わった」という点が重要です。

図表 4-7：早期発見のためのポイント

勤怠状況	・無断欠勤をする ・病気休暇が多い ・月曜日（休日明け）または金曜日に欠勤が多い ・遅刻（休日明け、特に月曜日の朝）・早退が多い ・「風邪を引いた」「お腹の調子が悪い」などを理由とする欠勤が多い
事故	・業務上：ケガ、他者を巻き込むような事故 ・業務外：交通事故、ケガ
集中力低下	・仕事をするのに今まで以上に努力を要する ・仕事をするのに時間がかかる
仕事の能率の低下	・期限までに仕事を完成できない ・不注意や判断力低下からミスをする ・材料を無駄遣いする ・間違った決断をする ・顧客からの苦情が多い
症状	・元気がない、口数が減った、「自信がない」「迷惑かけている」などの言動が目立つ ・多弁、落ち着かない、攻撃的になる ・疑い深い、被害妄想的、孤立している ・不安な表情、離席が多い ・居眠り、ボーッとしている ・酒臭い ・話のまとまりが悪い、支離滅裂になる

出典元：「メンタルヘルス入門」島　悟、日本経済新聞出版社、P.168〜178 を参考に作成

（3）管理監督者自身のケアの重要性

　企業の調査によると、マネジメントをしている人のほうが、一般社員よりストレスが高いことが示されています。管理職である自分の仕事とマネジメント業務の二重の役割を担っている場合は、ストレス要因も倍加します。このように非常に負荷の大きい状況に置かれている管理者は、自分自身のケアも注視する必要があります。管理者のケアを誰が担うのか、会社内できちんとコンセンサスを得て、ライン機能を果たしていけるような体制づくりが求められます。

04 ストレスマネジメントに役立つ治療技法

1. 認知行動療法

（1）認知行動療法とは

　認知行動療法は、1970年代にアメリカの精神科医のアーロン・T・ベックがうつ病患者に対する精神療法として開発したものです。

　「認知」とは、「物事の捉え方」のことです。人はある出来事が起きたときに、自分の経験や育ってきた環境の中で身につけてきた、決まった「物事の考え方」をします。そしてその考え方や、そのとき湧きあがった感情をもとに行動を決めます（図表4-8）。

　ある出来事に対する物事の捉え方は人によってそれぞれ特有のパターンがあって、落ち込みとか、イライラなどの感情に影響を及ぼしているのです。つまり、認知によって生じる感情や行動も変わってくるのです。このように人によって異なる物事の捉え方のパターンを、認知行動療法では自動思考（認知のクセ）と呼びます。この自動思考が極端で飛躍的な解釈をするような歪みがあると、本人にとってストレスになってしまうことが少なくありません。

　認知行動療法は、自分の自動思考に気づき、それを修正したり、柔軟なものにしたりすることで感情をコントロールし、ストレスを軽減させていく治療技法です。

図表 4-8：自動思考のしくみ

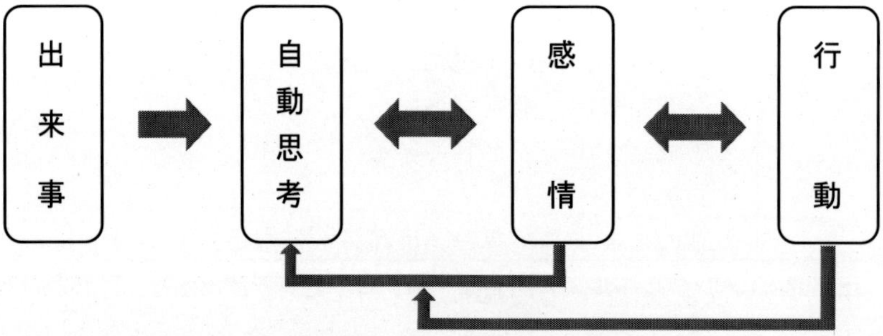

出典元：大野裕監修　認知行動療法活用サイト「心のスキルアップ・トレーニング」より引用

（2）気持ちは考え方に影響される

　人は同じ体験をしても、それをどのように捉えるかで、そのときに感じる気持ちは違ってきます。また、体の反応や行動も違ってきます。事例で見てみましょう。

出来事：朝の出勤時に、最寄り駅で同じ会社のＡさんを見かけ、挨拶をしたが、Ａさんは黙って行ってしまった。そのときあなたはどんな感情を抱きますか？
1. 何か嫌われるようなことをしたのだろうか？→不安になる
2. 無視された→怒りが湧いてくる
3. 自分はどうしていつもうまくできないのだろう。ダメだ。→落ち込む
4. 考え事をしていて気がつかなかったんだろう→特に大きく感情は変わらない

この事例で見られるように、私たちは、何か出来事があったとき、何らかの考えが瞬時に自動的に頭に浮かんできます。極端な自動思考は認知の歪みを引き起こしてしまいます。

認知行動療法を行うことによって、「物事の考え方」を変え、気分を軽くしてストレスを減らし、考えを柔軟にすることができます。

（3）自動思考と認知の歪み

認知の歪みのパターン（図表4-9）を知ることは、自分の思考の偏りに気づき、セルフモニタリングにも役立ちます。認知の歪みを引き起こす自動思考の代表的なものを紹介します。

図表4-9：自動思考と認知の歪みのパターン

自動思考	認知の歪み	事例
全か無か思考	物事を白か黒でしか考えられない。失敗か成功かしかない	少しのミスでも、完全に失敗だ！と考える
一般化のしすぎ	一度の失敗でも「いつも」「必ず」「絶対」と思い込む	プレゼンの前に、「絶対うまく行かない」と憂うつになる
～べき思考	「こうするべき」「あのようにするべきでない」と考える	部下は上司の言うことを聞くべきだ。反論するべきでない
自己関連づけ	良くないことが起こったときに、自分のせいだ、と責める	契約がうまくいかなかったのは、自分のせいだ
論理の飛躍	根拠もないのに悲観的な結論を出してしまう	プレゼンがうまく行かなかった、クビになるかも・・・
マイナス化思考	良い出来事を無視してマイナスのことばかり考える	仕事で成果を上げても「過去の失敗の償いに過ぎない」と落ち込む
感情的決めつけ	感情を根拠に物事を決めつけてしまう	私はダメな人間のように感じる。それが何よりダメ人間の証拠だ
心のフィルター	物事の良いことを振い落して、悪いことのみ考える	今までの人生の中で、いい思い出なんて一つもない
レッテル貼り	自分や他人に柔軟性のないイメージを作り上げて固定する	間違いをしたときに、「全く私って…ダメ人間」とレッテルを貼る
拡大解釈と過小評価	失敗や悪いところは必要以上に大きく、成功や良いところは極端に小さく考えてしまう	自分の失敗など都合の悪いことは大きく、反対に良くできていることは小さく考える

出典元：「いやな気分よ、さようなら」デビッド・D・バーンズ、星和書店P.35を参考に作成

（４）認知行動療法の具体的な方法

　認知行動療法は、ストレスにつながりやすい考え方を見直し、別の適応的で穏やかな過ごしやすい考え方を身につける療法です。島　悟氏（「ストレスマネジメント入門」日本経済新聞出版社 P.96〜105）は自分でもできる自動思考（認知のクセ）を修正する４つのステップを紹介しています。

①ステップ１―行動の傾向を観察する

　まず、「思考」につながっている「行動」に注目します。「行動」は目に見えるのでわかりやすい観察の仕方です。たとえば、人間関係を避ける行動の傾向がある人、すぐに怒鳴ってしまう人、すぐに落ち込んでしまう人など、行動のパターンを見つけるとその裏にある思考を見つけやすくなります。

②ステップ２―日々の出来事の中で認知のクセに気がつく

　前項（３）で紹介した「自動思考と認知の歪みのパターン」を参考にして、日々の出来事の中で一連の思考の共通項を見つけます。そうすると、「自分はいつも不安の先取りをしている→先のことは考えないようにしよう」「思い込みで相手に攻撃的な感情を抱いてしまう→思い込むのはやめよう」など、自分のクセに気づき、修正ができていきます。

③ステップ３―「自動思考」に飲み込まれない

　「自動思考」として浮かんだ考えは、自分の「根付いてしまった信念」による誤った思い込みの可能性がある、と知ることが重要なポイントです。たとえば、同僚に挨拶しても返答がないとき、「無視された」という感情に飲み込まれる→「無視された」と思ったが、それは思い込みかもしれないと思い直す。思い直して、少なくとも「無視された」と断定することはやめます。「物事の捉え方はひとつではない」ということを知ることで「自動思考」の修正ができていくのです。

④ステップ４―別の考えを探す

　ステップ３まででマイナスの感情に飲み込まれないようにした後は、他の考え方を探してみます。「他の人ならどう考えるだろうか？」と考えてみる、「本当にそれが唯一の真実なのか？」と自分に問いかけてみる。そして、いったん自分に湧いた考えと別の考えを出してみると「物事の捉え方は、他にもたくさんある」ということに気づきます。

２．上手な自己表現―アサーション

（１）アサーションとは

　アサーションとは、「自分も相手も大切にしながら、上手に自分の気持ちや意見を相手に伝えること」です。つまり、自分の思いを、率直に、その場に合わせて表現すること、そして、相手にもそうしてもらうことで、対等に向き合う対話を心がける自他尊重のコミュニケーションの方法です。人間関係が苦手と思っている人のための自己表現のスキルとして活用されています。巻末の（資料２）「アサーションチェックリスト」を使って、自分のアサーション

度を確認してみましょう。

（２）自己表現の３つのパターン

　対人関係において、人は、つい行いがちな態度や、言ってしまいがちな言葉など、コミュニケーションをする上での特徴があります。アサーションでは、自己表現のパターンを3つに分けています。

①ノン・アサーティブ（非主張的）

　自分よりも他人を優先し、自分のことは後回しにするタイプです。自分さえ我慢すれば丸く収まると考え、意見や気持ちを表現しません。一見、相手を尊重しているように見えますが、本心を抑え込んでいるため、自分に自信が持てず、相手に恨みがましい気持ちや怒り、卑屈さを抱えています。そのため、精神的に疲弊し、メンタル不調に陥りやすい傾向があります。

　また、何かのきっかけで溜まった怒りを爆発させてしまうこともあります。

②アグレッシブ（攻撃的）

　常に自分優先で、他人のことなどお構いなしのタイプです。怒鳴ったり一方的に責める態度や相手の立場や言い分や気持ちを無視したり、軽視したりして、自分の考えや感情を押し通すタイプです。そのため、相手から敬遠されたり、ギクシャクした関係になって後味の悪い思いをします。高圧的な態度をとったりするため、職場ではパワハラのリスクが高いタイプです。

③アサーティブ（自他尊重）

　自分のことを考えるが、他者への配慮も忘れない自他尊重のコミュニケーションができるタイプです。ですから、たとえ相手と主張が異なっても双方が納得のいくプロセスを踏んで建設的な話し合いが進み、信頼関係も構築できます。人間関係の軋轢がなく、ストレスをつくらない、さわやかなコミュニケーションです。

（３）アサーティブに伝えるためのポイント

　戸田久実氏（「アンガーマネジメント 怒らない伝え方」 かんき出版, P. 72〜82）は、「感情的にならず、アサーティブに伝えるための10のポイント」を挙げています。

　① 何を一番言いたいのかはっきりさせる

　② 自分の本当の気持ちを言葉にする

　③ 相手の人格ではなく、取った行動に注目する

　④ 注意するときは、何がどう変わってほしいのかを具体的に伝える

　⑤ 「私はこう考えています」と、「私」を主語にして伝える

　⑥ 肯定的な表現から入る

　⑦ 言葉と態度を一致させる

　⑧ 相手と対等な関係で伝える

　⑨ 「自分が正しい」という気持ちで話さない

　⑩ 相手の怒りに過剰反応しない

（4）アサーティブを妨げる思い込みに気づく

　アサーティブな言動には、日頃のものの見方や考え方が影響していることがあります。

　平木典子氏（「改訂版 アサーション・トレーニング 1」，日本・精神技術研究所）は、なかなか自己表現がうまくいかない人は、アサーティブを妨げる（非合理的な）思い込みに気づき、思い込みの修正から始めてみることも必要だと述べています。

【非合理的な思い込みの例】

　・人は誰からも愛され、受け入れられるべきだ
　・人は常に完璧でなくてはならず、失敗をしてはいけない
　・思い通りに進まないことは致命的なことだ
　・できないということは能力がないということだ
　・人を傷つけてはいけない、そのような行為は非難されるべきだ
　・上司や目上の人の命令や要求を断ってはいけない

（5）メンテナンスのアサーション

　平木典子氏は、「人間関係を維持・改善する、日常生活におけるちょっとした言葉がけやあいさつもアサーションです。」と述べています。メンテナンスのアサーションは、あいさつなどの言葉がけや、お互いの健康を確認し合う、感謝や愛情を伝える意味があります。円満・円滑な人間関係を心がけることは大事なアサーションです。

～あいさつや思いやり・感謝の言葉がけ～

ありがとう　　おつかれさま　　お先に失礼します　　おはよう

いってらっしゃい　　お帰りなさい　　いただきます　　ごちそうさま

手伝おうか？　　さすがだねー　　よかったね　　心配してるよ

大丈夫？　　大変だったね　　おやすみなさい

3．アンガーマネジメント

（1）アンガーマネジメントは怒りで後悔しないこと

　私たちは、喜怒哀楽に象徴されるようなさまざまな感情を持っています。その中でも特に、「怒り」の感情は扱いが難しく、自分も相手も傷つけてしまう可能性があります。アンガーマネジメントは、怒りやイライラの感情と上手につき合う心理トレーニングのことです。アンガーは日本語で、「怒り」という意味です。

安藤俊介氏（「アンガーマネジメント実践講座」PHP研究所）は、「アンガーマネジメントは怒らないことではなく、怒る必要のあることは上手に怒り、怒る必要のないことは怒らなくて済む、その線引きができるようになること」と述べています。つまり、怒りの感情で後悔しないようにコントロールするということです。

（２）怒りは生存に必要な感情

　怒りという感情は、嬉しい、悲しい、楽しいといった感情と同様、誰にでもある自然な感情の一つです。また、自分の身を守るために備わっている防衛感情でもあるのです。

　私たちが怒るとき、それは何かが侵害されている、何かの脅威に直面しているということです。つまり、怒りという感情を使って、その何かを守ろうとしているのです。したがって、怒りの感情はなくすことのできない大切な感情なのです。

（３）問題がある「４つの怒り」

　アンガーマネジメントでは怒ること自体は問題がないと考えています。ただし、怒りには問題となる４つの特徴があります。

①強度が高い：一度怒り出すと気が済むまで怒り続けてしまう

②持続性がある：いつまでも怒りを引きずり、根に持ってしまう

③頻度が高い：しょっちゅうイライラしている、すぐカチンと来る

④攻撃性がある：怒りの攻撃性は他人、自分、モノの３つの方向に向かう

　　　　　　・他人→責める、追い詰める、八つ当たりする、など

　　　　　　・自分→溜め込む、自分を責める、自分を傷つける、など

　　　　　　・モノ→壊す、投げる、乱暴に扱う、など

　また、一般的に怒りの感情はマイナスなもの、ネガティブなものと思われがちですが、決してマイナス面ばかりではありません。怒りは強いエネルギーを持っているので、大きなメリットにすることもできるのです。たとえば、試合に負けて悔しい、もうこんな思いはしたくないと、その悔しさをバネにできれば成長できるのです。

　怒りの感情を上手に扱えるようになると、怒りの感情を何かを壊すことではなく、建設的に活かす方向に活用できるようになります。

（４）怒りにはマイナス感情が隠れている

　怒りは二次感情と呼ばれています。怒りの感情というのは、目に見えて表現されている部分はほんの一部分で、実はその怒りの感情の裏には、不安だ、悲しい、苦しい、寂しい、辛い、悔しい、といったマイナスの感情が隠れています。この隠れた感情を一次感情といいます。

　怒りの感情は、この一次感情を上手に伝えることができずに、怒りという感情を使って表現しているといえます。なぜなら、怒っている人は怒っているということが一番伝えたいことではなく、その裏に隠れている一次感情を理解してほしいと思っているからです。

　自分の中に今どんな一次感情があるか、一次感情が溜まって溢れそうになっていないか、などを把握し、怒りとなって爆発する前に対処することが重要です。この時に、アサーションが活用できます。ちょっとした違和感や不満などを上手に表現することができれば、ストレス対処のセルフケアになります。

　また、クレームに対応するときなどは、相手の一次感情を上手に聞けるかどうかで、対応の可否が決まると言っても過言ではありません。

（5）「６秒」待てば、理性的になれる

　人間の脳には、大脳辺縁系で生まれた怒りの感情を、理性を司る前頭葉が介入して制御するという仕組みがあります。このとき、前頭葉が介入するのに数秒かかるといわれています。

　ほとんどの人は６秒あれば理性的になれると考えられていて、衝動をコントロールするために「６秒」待つということが提唱されています。イラッとしても、カッとなっても、反射的に怒ることなく「６秒」待って、少し冷静になれたところで怒るか、怒らないか、判断することがアンガーマネジメントの第一歩になります。

　「６秒」待てれば、怒りの感情に振り回されることなく、理性的に考え、行動できるようになるのです。

（6）怒りのコントロール法—「６秒」対処術

　安藤俊介氏は「"売り言葉に買い言葉"がなくなり、怒りの感情に理性的に対処できるようになるためのテクニック」をいくつか紹介しています。

　①スケールテクニック：怒りの温度を測って、怒りを数値化する

　②コーピングマントラ：心が落ち着く言葉を唱える（大丈夫、なんとかなるさ、など）

　③ストップシンキング：心のなかで、「ストップ」と唱え、思考停止する

　④タイムアウト：その場から離れてリセットする

　⑤カウントバック：数を逆から数える、計算する、英語で数える

　⑥呼吸リラクゼーション：深呼吸する（鼻から吸って口から吐く）

　⑦グラウンディング：目の前にある、何か（自分の足元、持ち物など）をじっと観察する

　⑧口角アップ：笑った表情をつくる、笑顔に自信をもつ

　⑨グーパー：心が落ち着くまで両手でグーパーを繰り返す

　⑩ポジティブモーメント：うまくいった体験を思い出し、イライラを吹き飛ばす

（資料１）適切にサポートを得るための主な「社会資源リスト（公的・民間）」

保健所
精神保健福祉に関することについて、本人・家族、友人、職場の人の相談に応じます。

精神保健福祉センター（こころの健康総合センター）
精神保健福祉法により、各都道府県と一部の政令都市に設置、さまざまな心の病に関する相談、自立支援などを行います。医療機関への受診相談や入院相談も行っています。

産業保健総合支援センター
全国都道府県に設置され、メンタルヘルス対策全般の総合相談等を行っています。

地域産業保健センター
小規模事業場の事業者（労働者数50人未満の事業場）や労働者に対し、メンタルヘルスも含めた各種健康相談、戸別訪問による産業保健指導などを行っています。

労災病院勤労者メンタルヘルスセンター
全国30ヶ所の労災病院に併設され、仕事上のストレスによる精神的な悩み、職場の対人関係の悩み等の勤労者と家族の悩みに対する相談を行っています。

いのちの電話
都道府県ごとにセンターがあり、誰にも相談できず、一人で悩んでいる人のための電話相談です。
毎月10日のみのフリーダイヤル☎0120-783-556（自殺予防いのちの電話）

日本産業カウンセラー協会
働く人の悩みホットラインを開設し、職場、暮らし、家族、将来設計などのさまざまな悩み相談を受けています。☎03-5772-2183（働く人の悩みホットライン）

よりそいホットライン
どんな人のどんな悩みにもよりそって、一緒に解決する方法を探します。☎0120-279-338

法テラス
国が開設し、解決に役立つ法制度や各種支援制度を紹介しています。☎0570-078374

こころの耳　働く人のメンタルヘルス・ポータルサイト
厚生労働省委託事業として、一般社団法人日本カウンセラー協会が受託開設しています。こころの不調や不安に悩む働く人や、手助けをする家族、職場のメンタルヘルス対策に取り組む事業者の支援や、役立つ情報の提供をしています。電話、SNS、メールなど各種の相談方法があります。

みんなのメンタルヘルス
厚生労働省が開設しているこころの健康や病気に関する総合サイトで、心の病気についての知識や病気になったときの治療法、身近にあるさまざまな相談先、生活への支援やサポートなどを掲載しています。

過労死110番
弁護士団体が運営し、過労死についての相談・法的対応・過労死防止の活動により、過労死をなくすことを目的に活動しています。☎03-3813-6999

出典元：「ストレスマネジメント入門」島　悟・佐藤恵美、日本経済新聞出版社、P.136・137より引用　一部追記

（資料２）

アサーションチェックリスト

あなたが普段どのように対応しているかを考えながら、当てはまるものに✔をつけてみましょう。

自分から働きかける言動

□あなたは誰かにいい感じを持ったとき、その気持を表現できますか

□あなたは、自分の長所や、なしとげたことを人に言う事ができますか

□あなたは、自分が神経質になっていたり、緊張していたりするとき、それを受け入れることができますか

□あなたは、見知らぬ人たちの会話の中に気楽に入っていくことができますか

□あなたは、会話の場から立ち去ったり、別れを言ったりすることができますか

□あなたは、自分が知らないことやわからないことがあったとき、そのことについて説明を求めることができますか

□あなたは、自分が知らないことやわからないことがあったとき、そのことについて説明を求めることができますか

□あなたは、人に援助を求めることができますか

□あなたは、自分が間違っているとき、それを認めることができますか

□あなたは、適切な批判を述べることができますか

相手の言動に対する自己表現

□人からほめられたとき、素直に対応できますか？

□あなたの行為を批判されたとき、受け応えができますか

□あなたに対する不当な要求を拒むことができますか

□長電話や長話のとき、あなたは自分から切る提案をすることができますか

□あなたの話を中断して話し出した人に、そのことを言えますか

□パーティーや催し物への招待を、受けたり断ったりできますか

□セールスマンや店員からの強いすすめを断れますか

□あなたが注文した通りのもの（料理や洋服など）が来なかったとき、そのことを言って交渉できますか

□あなたに対する人の好意がわずらわしいとき、断ることができますか

□あなたが援助や助言を求められたとき、必要であれば断ることができますか

判定結果の目安：

✔の数が10個以上あれば、今の時点で、あなたのアサーションは普通以上ということができます。✔が少なければ、あなたはうまくアサーションができない領域が多いようです。
あくまで、現時点の結果であり、自分のアサーション度を把握しておくことが大切です。

出典元：「改訂版 アサーション・トレーニング１」、平木典子、日本・精神技術研究所P.13・14より引用

著者紹介

猪野　美春（いの　みはる）

有限会社幸プランニング講師

看護師として三重県立病院に勤務した後、メンタルヘルス、アサーション、アンガーマネジメント、ドリームマップ、医療分野のリスクマネジメント等の研修講師、看護実習指導員、精神科クリニック非常勤職員、津家庭裁判所家事調停員として活躍中。

日本産業カウンセラー協会認定産業カウンセラー、日本アンガーマネジメント協会（アンガーマネジメントファシリテーター／コンサルタント）、特定非営利活動法人日本サービスマナー協会（アサーティブコミュニケーター）、ＳＥＰ交流分析士インストラクター、メンタルヘルスマネジメントⅠ種（マスター）保有。

職業訓練法人Ｈ＆Ａ　労務管理とメンタルヘルス

2021年4月1日　　初　版　発　行
2023年4月1日　　二版第二刷発行

著　者　猪野　美春

発行所　　職業訓練法人Ｈ＆Ａ
　　　　　〒472-0023　愛知県知立市西町妻向14-1
　　　　　TEL 0566(70)7766
　　　　　FAX 0566(70)7765

発　売　　株式会社　三恵社
　　　　　〒462-0056　愛知県名古屋市北区中丸町2-24-1
　　　　　TEL 052(915)5211
　　　　　FAX 052(915)5019
　　　　　URL http://www.sankeisha.com

ISBN978-4-86693-426-6